服を1着買ったら、2着捨てなさい。

収納カウンセラー
飯田久恵
Iida Hisae

内外出版社

はじめに

服やモノを捨てて始まる、私らしい暮らし

最近、モノを捨てることが美徳のように言われている傾向がありますが、私は、それにちょっと違和感があります。**とりあえず暮らしに影響がなければ、捨てなくてもいい。**

ではなぜ捨てることが重要なのか……。それはモノを減らさなければ、なかなか「すぐ片づく」を実現できないから。そもそも使ったモノを「元の場所」に戻せば散らからないのですが、その「元の場所」はモノが多すぎると確保できません。

減らさなければ片づかないことを、ここでシミュレーションしてみます。たとえば、10着が適量のクローゼットのハンガーパイプに20着掛けると見えにくくなる。出し入れも困難でシワもつく。さらに5着増やしたらもう掛からないので、扉の折れ戸に不用意に吊るしたり、ベッドのヘッドボードや椅子の背に掛けたりします。

「う〜ん、そこまでしないわ」という方は、収納ケースを買って寝室に置く。

さらに増え、寝室に置けなくなると他のすき間を求めて詰め込みます。

そんな方を私は「すき間ハンター」と呼んでいます。

結果、どの服がどこにあるのか、どんな服を持っているのかが把握できなくなり、また買って増えて出し入れが億劫、という負のスパイラルが……。サッと出し入れできる適量まで減らすことが、お金もかけずに一番早く「すぐ片づく」を実現する道なんですね。

でも減らさなくても済む方もいます。「出し入れが億劫ではないし、時間がある」「あちらこちらにあっても把握できる」「脱いで疲れていても、ちゃんと片づけられる」という方は、そのままでも問題ないんです。

「いやいや、それは無理」と思ったら、仕方なく減らしましょう。

「捨てるべき」と頭ではわかっていても、なかなか重い腰は上がらない、いや上げたくないものです。

「いつか落ち着いた時間ができたら」なんて思っていませんか？

「いやいや、そんな時間は永遠に来ない」と思った方が正解です。

実は私もこの仕事を始める前は、服やモノを捨てることができずに、どん

はじめに

なに苦労したことか。知恵を絞って収納ケースを買って何とか服やモノを詰めたり、たたみ方を変えてすき間をつくったり、置く場所を移動したりなど、労力と時間とお金を費やしてきました。

でも考えてみると私自身、人生の中で思い切って服やモノを処分したことが2回ありました。それは引っ越しです。1度目に処分したときには、いくつか捨てなければよかったかな〜、惜しいというものが実はありました。しかしその後、2度目の引っ越しをすることになり、また処分したのですが、なぜかそのときには後悔するモノはなかったんです。

どうしてなのかな？　と考えると、1度目のときに、捨てるための心の整理、捨て方を自分で学んだからだと思い当たりました。

自分は、本当は何をしたいのか、どう生きたいのかなど時間の使い方の見直しをしていたことに気づいたんです。

捨てることを実行し、そのつらさを味わったのが学習効果となって、私なりの捨て方を学べ、捨て上手になれたのです。効果はそれだけではありません。「捨てるつらさ」がわかったので、服やモノを増やすことへのためらい

が生まれたのです。そしていろいろなことも考えさせられました。

どうして捨てられないのだろう？

モノが欲しくなる気持ちはどこから来るのか？

服やモノが何でもあることが幸せなのか？

便利なことが幸せなのか？　豊かさとは何か？

モノと環境の関係……など知らず知らず考えることに。

「捨てる」という行為は、結果「捨てない」私を育ててくれたんです。

本書では、未練を残さずに納得して捨てられる方法、それを裏付けるセオリー「捨てるものを手に入れなくなる」秘訣をこれまでの私の経験、行ってきた収納カウンセリングの実例も踏まえてお伝えします。

よく「収納は永遠のテーマ」と言われますが、決してそうではありません。

本書が、収納を永遠のテーマにせずに「私らしい、ゆとりある暮らし方」につながる手助けになることを願っています。

収納カウンセラー・飯田久恵

目次

PART 1

捨てたい、でも捨てられない！

「片づけ」で幸福になる人、不幸になる人

PART 2

買い方を変えるだけで、片づけがラクになる

PART 3

モノを捨てて減らせば、気持ちよく暮らせる

PART 4

PART 5

ずぼらな人でも、みるみるキレイ！

もう二度と散らからない「片づけ力」を身につける

PART 6

汚い部屋に幸せはやって来ない！
今日から始める！
「モノ別」賢い片づけテク

PART 1

捨てたい、でも捨てられない！

「片づけ」で幸福になる人、不幸になる人

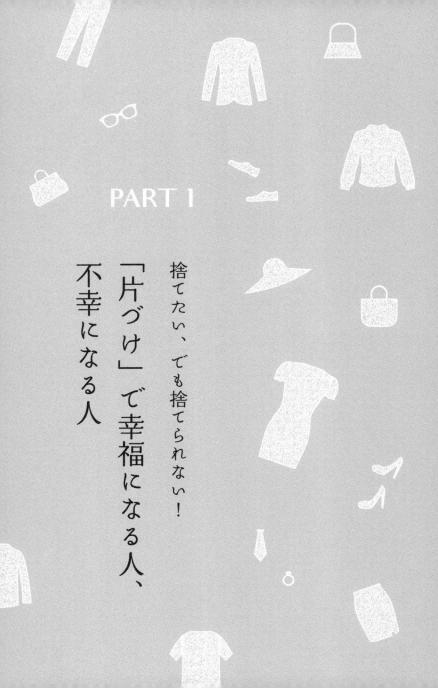

「片づけ」ができれば、「幸せ」が生まれる

「片づけや整理収納は何のために行うのですか」と問われると、私はいつも「幸せになるため」とお答えします。言い換えるなら、整理収納しなくても、自分も他の人も困らず、それで幸せなら、あえてする必要はないんです。

そうは言っても、やはりいつもスッキリと片づいた部屋で、着たい服や使いたいものがスムーズに出せる、それは住んでいる人にとって暮らしやすく、何より心地いいもの。

その心地よい時間は「幸せと感じる」時間ではないでしょうか。

クローゼットを開き、ひと目で今日着ていく服を選べる。探す手間もない。また何を着ていこうか、あれこれ組み合わせを考える時間って幸せですよね。時間がなく焦って決めるときは別として。

使うものが使う場所にあると掃除や炊事・洗濯などの家事も短時間で行え、時間を有効に使えます。有効に使えると、自分の時間が生まれて、やりたかった趣味の時間も捻出できます。

また親族や親しい友人、ママ友や子どもの友だちなども気軽に呼べる空間に。ご近所の不意の来客にも部屋に入っていただき、一緒に過ごす楽しい時間は「幸せ」につながります。家が片づかないことで、いつも気持ちが落ち着かず、何かをしたいと思っても踏み出すことができない、という方も少なくありません。

私の協会が行っている住まい全体の「収納カウンセリング」や「整理収納学講座」を受けた方々の中でも、家じゅうが片づいたことで、新たな仕事を始める気持ちになり、勤め出しました、という方はたくさんいらっしゃいます。

何よりもスッキリと片づき、暮らしやすい家は、あなた自身を思い通りにする力を秘めているのかもしれません。

スッキリ片づけることが目的、は勘違い

「えっ、スッキリするのが悪いの？」と思われるかもしれません。スッキリするだけでは、片づかない、というお話です。片づいていない部屋だとどうなるのか。

「片づいていないのが気になって、いつも何となく落ち着かない」

「お料理や掃除、洗濯に時間がかかる」

「片づいていないので家族に申し訳ない」

「散らかっていることで、つい夫や子どもにあたってしまう」

そのような方は、何よりも片づけたいと思うでしょう。

しかし、何から手をつけていいかわからない、また片づけたつもりが、いつの間にか元に戻ってしまうというケースがなんと多いことか。そんな人が陥ってしまうのが、**片づけの目的の勘違い**です。スッキリした部屋の状態をゴールとしてしまうんですね。


片づけは何のために行うのか。

それは**服やモノをスムーズに出して、使って、戻せるようにするため――。**

丸めたり、詰め込んだりして収納ケースに収める、リビングですぐ使うものも廊下の物入れにしまい込んだりすると、一時はスッキリするかもしれません。しかし、出し入れが面倒なので次第に「出したら戻す」が実行できなくなります。

ただスッキリ、キレイに見せるだけの収納は、私は「整頓」と言っています。そこには使用頻度に合わせた入れ方や、使う動線、置き場所などの秩序がないので、戻せなくなり、元の散らかった状態になりやすい……。

スッキリ、キレイは視覚的にもとても重要ですが、それをキープするためには、まず秩序のある収納にしなければ。そのためにはどのようなプロセスをたどって、捨てたり、適所に収めるか、などを考える必要があるんですね。

これだけは覚えておきましょう。

整理収納のゴールはただキレイに見せることではなく、出し入れがラクにできること。

「スッキリ、キレイ」だけをゴールにすると、何度もスタート地点に立たなければならないことが多いものです。その時間と労力の無駄は「不幸の時間」につながります。

もったいない精神は、リサイクルで活かす

倹約や節約の気持ちを表す言葉に「もったいない」があります。

自分にとって絶対要らないなと思っていても、なかなかすぐに捨てられないのは、誰か

が使ってくれるかもしれない、ゴミとして捨ててしまうと、なにやらバチが当たるような気がしてしまうから。

２００４年にノーベル平和賞を受賞したケニア人の女性環境保護活動家、故ワンガリ・マータイさんが日本で学んだ「もったいない」精神が、「ＭＯＴＴＡＩＮＡＩ」という世界共通のワードになって話題を集めました。

Ｒｅｄｕｃｅ（ゴミ削減）、Ｒｅｕｓｅ（再利用）、Ｒｅｃｙｃｌｅ（再資源化）という環境活動の３Ｒに加え、もう１つのＲ、**モノを大切にする心＝Ｒｅｓｐｅｃｔ**が込められた言葉として、注目されました。素敵ですね。

ただ捨てるより誰かに使ってもらえれば手放せるという気持ちがあるなら、不要になった服やモノを、引き取ってくれるところを探してみましょう。

リサイクルショップでお金に換えるというのもいいですね。値が付かないものでも引き取ってくれるところがありますし。中には業者に取りに来てもらえる、送料無料で送りつけて、査定してくれるところもあります。

ネットで調べるなら、「衣類・リサイクル・中央区」など必要なキーワードを入れて検索すると出しやすいリサイクル先がいくつか出てきます。実行に移すことが何より重要です。

フリーマーケットに参加して、自ら販売するというのも一つの手です。単にモノを処分するよりも、自分が売り手となってレクリエーション感覚で販売。売値を自分で付け、買い手のお客様とやり取りするのは楽しい時間になります。面白いのは、各ブースの売れ残りも見えるので、誰も使わないものの傾向もわかります。

最近では「メルカリ」などのフリマアプリや、「ヤフオク！」などのネットオークションもあります。スマホなどで、商品映えするように写真を撮って、検索にヒットしやすいキャッチフレーズやキーワードを付けて出品するのです。

しかしながら、時間がかかり、それを送るための箱など荷造り用品もストックしなければならないことも忘れずに。

フリーマーケットやネット販売では、食器などが半端な数でも売れます。早く片づく住まいにするには、思い切って値下げをするなどして、早く売り切りましょう。

売り買いを楽しむのもいいですが、目的を忘れないように。

常に「片づけるため」という目的を意識してください。

そんなことをしなくても、周りの必要とする友人に差し上げればいいのでは？　という方もいると思います。しかし、私はあまりオススメしません。私自身も覚えがあるのですが、どうしても断り切れずに、いただいてしまうことってありませんか。

気が置けない友人で、ドライに要不要で受け取ったり、断ってくれるといいけれど、なかなかそうはうまくいかない。私自身もあとでやっぱり要らなかった、と後悔することが少なくありません。

そして困ったことに、**いただいたモノって、なかなか捨てられない**んですよね。

最近、私は海外に出かけたときに、現地の子どもたちに、溜まってしまった小物入れなどを差し上げています。日本の布地で作ったポーチや、小さい物入れなど。これもリサイクルの一つかな、と思っています。

ただ彼女たちが、心の底でどう思っているかはわかりません。日本のおばさんが珍しいものをくれようとしているから、もらってくれているのかもしれない。

私のエゴかもしれませんが、少しでも使ってくれて役立っていれば、エゴもエコになるかなって。

「いつか着る、使うかも」は、本当にやってくる？

いつか着るかも、使うかも。いつか何かの役に立つ。いつかというあいまいな未来、これが実は厄介な、くせ者。

捨てた後にいつかまた使うことがあったら、後悔するかも。お金を出して買うのは損だし……。でも考えてみてください。**その「いつか」とは、いつなのでしょう。**

たとえば避難グッズやキャンプ道具は、地震や災害、アウトドアと使うときがはっきりしているので、これは取っておくものに。

また痩せたときに着られる服なども、いつかがはっきりしているので、仮のボックスを用意して、取っておくといい。いつ痩せられるかわからないと、横やりを入れてくる家族がいるかもしれませんが、そんなのは無視。痩せる気があるのですから、無理に捨てる必要はありません。

それは痩せるというモチベーションとなり、前向きな気持ちになるので「よし！」です。大切なのは「いつか」が、いつなのかをはっきりさせることです。これがはっきりしていなければ、「いつか」は来ないので、「はい、処分」です。

捨てるか、捨てないかを考えるときの決め手は、まず現在、**自分以外の人も含め使っているのか？　いないのか？**　使っている人がいれば、その人の管理のもとへ移動します。誰も使っていなければ「処分」です（※処分はリサイクルも含めます）。

今、使っていないものでもいつか使うと思えば、使うのが「いつか」を言葉にしてみましょう。言葉にできなかったら、使う機会は、まずないです。それは考えるだけなのに、意外に億劫なんですね。

こういうことはありませんか？　たとえば何かをしている夫に「これ使うの？」と聞くと、「そこに置いておいてくれ」と。それを見て決めるだけと思いますが、本人としては、先を考え、「何かに使えないか」など意外と意識を集中して考えたい、と無意識に感じて、そう言うのです。

判断って、意外に頭を巡らすのでエネルギーを使い、疲れること。疲れるので、頭が疲れている夜よりも朝、誰かに判断をしてもらうタイミングは、その人が疲れていないときや何もしていないときです。

要・不要の判断を先送りしていると、服やモノが部屋に収まりきれずに、快適さは失われたまま。あいまいな未来のために、不快なままでいるよりも、今が快適であることを優先したほうがいいと思いませんか。

なくても大丈夫、という確信があれば捨てられることもあります。

その一つはレンタルです。「必要なとき必要なモノだけが手元にあればいい」という考え方。買って持っていたほうが得な気がしますが、**レンタルなら収納場所は要らないし、手入れや管理も不要**です。

レンタル料を払うときって、そのものしか見ていませんが、場所や管理を含んだ見えない価値がある。客布団、冠婚葬祭用の着物、スーツケースなど、使用頻度を考えてレンタルするという選択もアリです。

「高価だったから」捨てられないは、本音だけど

クローゼットから、あふれるほどの服を持っている人に、「コートって何着ぐらいありますか？」とお聞きすると答えられないことが多いもの。把握できていないんですね。よくよく聞いてみると、日常的に着こなしている服や、オシャレ着は十数着と決まっていることが多い。だったら他は要らないのでは、と思っても、なかなか処分することができないでいます。

ほとんどの人が口にするのは「高かったから」「まだ着られるのよ」という答え。**「着たい」は必要な服ですが、着ていないけれど「着られる」はなくてもいい服**なんです。

ある方に「ストールの類い、何枚くらいあります？　そのうちよく使っているのは何枚ぐらいですか？」とお聞きすると、「20、30枚あります。でも使うのは5枚くらい、あとは捨ててもいいんだけど、捨てられなくて」と。

「どうしてですか？」と聞くと、「お金を出したから」と即答でした。

なるほどね。いざ捨てようとすると、そのものをお金に換算してしまうことは、よくあ

る話。でもそれはいくら換算しても、幻想の値段。

あふれかえった服や使わなくなったストールを古着屋さんやリサイクルショップに出しても、よほどのモノでない限り、買ったときの値段が付くことはありません。収まっていれば、無理に捨てる必要はありません。邪魔だなと感じたときに捨てればいいんです。

その方は、聞かれたことをきっかけに、使わなくなったストールやマフラーを処分しました。そのとき、彼女はこう言いました。

「捨ててわかったことがあるわ。今まで、使いたいショールを取り出すとき、無意識に他のものが落ちないように気を使いながら取り出していた」**「整理したおかげで、スムーズに取り出せるようになり、それがこんなにも気持ちがいいとはびっくり！」**とおっしゃっていました。

確かに、「高価だった」「まだ使えるから」と思うと捨てられない気持ちはよくわかります。しかしそこに手を付けずに後回しにしていると、人は無意識に片づけ嫌いになり、手間取ることから逃れられません。

嫌だなあ、面倒だなあと感じている時間、手間取っている時間も、あなたの貴重な命の時間。捨てることに一歩を踏み出せば、自由な時間と気持ち、実際に片づけるスペースが生まれるのです。

「想い出のモノ」「いただきモノ」の賢い捨て方

想い出の服や記念のモノは、良き昔を偲ばせてくれるので決して不要品ではありません。今の暮らしに支障がない程度ならば、捨てずに取っておけばいいでしょう。

ただし、想い出の服やモノがあふれかえってしまったら、何をするにも障害となり億劫になってしまうので、立ち止まって考える必要が……。

そのまま想い出のモノに囲まれて、不自由な思いをしながら暮らすのか、片づいた快適な暮らしを望むのか。

なぜなら家の中に大きな収蔵スペースを設けたり、トランクルームを借りたりしない限り、想い出のモノを取っておくことはできないからです。

片づけの効率や経済的なことを考えると、想い出品の場所を設けて、そこからあふれた量は処分したほうがいいんです。


そこでオススメしたいのが、**「記憶に残す写真収納術」。**

想い出の服やモノは、後からお金で買えるものではありません。無くなってしまう寂しい気持ちを少しでも和らげるために「写真」に撮っておきましょう。

想い出のモノは、それを使っていた頃を思い起こさせてくれます。

写真で見れば当時のことを思い出せるので、記憶から消えてしまうという不安も解消できるはずです。


お子さんがいらっしゃる家庭なら、子どもの想い出の品、学校からのお便りや絵、工作などをしまっていませんか。でもそれは次第にかさばって、収納しきれなくなるので、写真で記録を。その前に、**子どもそれぞれの「想い出収納引き出し」を用意**してあげましょう。ベッドの下やクローゼットなど、置ける場所に合わせたサイズの収納ケースです。

わが家は子ども部屋に押し入れがあったので、奥行きは押し入れのサイズ、幅は40㎝くらい、高さは30㎝くらいのケースを用意しました。

子どもの絵などは、リビングなどに飾ります。次の作品ができて飾れなくなったら、そのケースに入れます。そこに入りきらなくなった作品は、写真に撮って処分です。作品を作って持って帰ってきたとき、その子に持たせて写真を撮れば、作った頃もわかり、よりいいですね。

私は写真に撮ることを、子どもが幼稚園児だった頃に思いつきました。ケースに入りきらなくなり、困ったからです。この精神安定剤的な対処法は、すべての想い出品に有効だなと気づきました。今ではスマホでいつでも撮れるので、ラクにデータ化することができます。つまり**想い出品は、収納スペースに限度を設け、あふれたら写真データで保管**する。そうすれば、想い出を残しておけます。

またもう一つ**困ってしまうのが「いただきモノ」の処分。**

使わないし、しまう場所もないし、いっそ捨てられるとラクなんだけど、そう思うたびにくださった方の顔が浮かぶと、やはり捨てられない、そんな方はきっと多いはず。でも実はそれはお互いさまかも。

今どき、いただきモノでもらって助かったということは、まれでしょう。買えなくて不自由しているものがあるとすれば、気に入ったものが見つからないとか、手の届かない高価なモノではないでしょうか。

でもそれを贈る側が、見極めて贈るのは至難のワザ。だったら、お互いに「形式だから」として割り切ってしまったほうが気がラクかもしれません。

でも勝手なものでプレゼントを開くまで、ワクワクしてうれしいもの。気に入ったものであれば喜び、そうでなければある程度取っておき、リサイクルすればいいのです。

しかし、私はいただいてすぐには「せっかく、くださったのだから」と処分はしません。

そこで設けるのが**「義理の有効期限」**です。

たとえば最長2年と設定し、「いただきモノ」専用の収納スペースやボックスに入れて、モノがあふれてきたら、リサイクル処分に回します。

モノを捨てて、後悔したことがありますか

あのとき捨てずに取っておけばよかった、と後悔してしまうことは誰にもあり得ること。

どうしてそんなことが起きるのかというと、捨てたものが、どんなところで使えるかをあまり深く考えていなかったから。つまり詰めが甘かったということになるのです。

そこで**服やモノを処分するときの考え方の手順**を考えていきます。

ここにオシャレなK子さんがいます。K子さんには、ここ数年履くことのなかった新品同様の靴があります。それは青い靴で、ピアノの発表会で着た衣装に合わせて買ったものでした。K子さんはそこで今後、この靴を履くかどうかについて、順番に思いを巡らせてみたのです。

①今後、ピアノの発表会に出ることがあるのか？

←

②今、ピアノから遠ざかっていて、出る可能性はない。

←

③ふだん着ている服やオシャレ着に合うか？

←

④特別な色なので、まず合わない。
←
⑤靴箱に入れておいたままでいいか？
←
⑥靴箱のスペースが足りなくなっていて、邪魔かも。
←
⑦想い出の靴としてしまえる別の場所はあるか？
←
⑧もうない。

彼女の判断結果は、「処分」でした。

モノによってプロセスの項目は違いますが、このように順に考えて判断すると、「捨てなければよかった〜」と後悔することはごくまれになります。

「要る」、「要らない」を考えていくと、次のＡ〜Ｄの結果に落ち着きます。

A　使うときを言える ⇓ 処分しない
B　使う機会がない ⇓ 処分
C　想い出として取っておく―場所がある ⇓ 処分しない
D　想い出として取っておく―場所がない ⇓ 写真に撮って処分

K子さんの青い靴の場合は、Bに当てはまり、納得のいく結論を出すことができました。モノを捨てるかどうかを考える際に、重要なのがこのように自問自答するプロセス。納得がいけば、捨てたものに未練を残すことも、後悔することもなくなります。

しかし「とりあえず、捨てちゃえ」というモノ、あとは人から言われて、「仕方なく捨てたモノ」は、「捨てなきゃよかった」といつまでも未練たらしく後悔が残ります。

未練を残さない捨て方は、使わない理由をよく考えてみる、ということになります。

一つひとつモノを捨てるときには、前述のように思いを巡らせる＝頭を使うことになるので、「時間」と「気力」が必要になります。

ただ中には，そんな時間は取れない、という人もいるでしょう。そんなときには「とりあえず捨てちゃえ」でもいいと思います。その場合には、後から必要になったら、新しく買う（しかし意外に買うことはまれ）。未練たらしく後悔しない。**モノを捨てるときには、そんな潔い、思い切りや割り切りも必要**ですね。

便利グッズがあれば、それで幸せなの？

世の中には、アイデアグッズや便利なグッズがあふれています。それって100円ショップや雑貨屋さんで見るのは楽しいですよね。「へぇー、こんな便利なキッチンツールがあるんだ」とか、「これってどうやって使うの」とか、見て回るのは本当に楽しい。

でもいざ買うかというと、私はつい、「こんなアイデアグッズや便利ツールなどなくても、今、使っているもので、間に合っている」と考えてしまいます。でも買おうかしら、と揺らぐこともあります。

たとえば、以前持っていて便利だった記憶があるレタスなどの水切りに使うサラダスピナー。レタスをざぶっと水洗いして、粗く水を切って、ハンドルやボタンを押せば、遠心力で水がしっかりと切れるのは、確かにドレッシングの味が付きやすく便利。

でも私が考えてしまうのは、その置き場所。現状ではキッチンにその置き場所はありません。「そうだ、キッチンから、使用頻度が低い圧力鍋をダイニングの収納に移動して、そこに置ける」と考えました。でもダイニング収納もびっしりなので、**何かを減らしてスペースをつくらなければ移動ができません。**

見ても捨ててかまわないものはありませんでした。そんなこんなを考えているうちに、思ったんです。「そんなに水切りする食材って、レタス以外にあるかなあ」と。

考えてみると、レタスだけのために、鍋みたいに大きいものは要らない。

「第一そんなにレタスばかり食べないし」「料理屋さんだったらまだしも、一般家庭に必要?」と思いました。そして、濡らした(乾いた布巾よりも水分をとる)きれいな布巾やペーパータオルで挟めばそれで間に合う、と気づいたんです。

ちなみに、その布巾とは「びわこふきん」。ネットで売っています。コットンの落ち綿を原料にしたガラ紡糸の布で、洗剤なしで食器が洗えるスグレモノの布巾。これを使えば、野菜の水切りは十分です。布巾だから、場所を取ることもありません。

サラダスピナーを出すよりも、はるかに早く料理の下準備が進みます。また、道具をたくさん使うと、使用後、洗って拭いて乾かさなければなりません。乾かす時間、その場所が必要です。

置き場所を考えたことで、発想の転換ができ、買わずに済みました。もちろん場所があるし、手間を惜しまない、という方は使うと便利だと思います。

買って失敗！使わないとわかったらすぐ処分

誰にでも飛びついて買って失敗するモノが、一つや二つあるのではないでしょうか。私の例で言うと「お玉立て」というキッチンツール。小皿にお玉が立てかけられるようになっているお玉の一時置きで、邪魔にならないというもの。

立てかけた小皿は味見にも使えて一石二鳥と思って買いました。でも「ここに立てる」と意識しないと立てられません。結局、今まで通り、小皿にお玉を載せて横にして使っても、問題ないので捨てました。

つまり、**いちいち意識しなければできないことは続かない**ということがわかりました。

実はこのお玉立て、収納カウンセリングで伺った家のキッチンでときどき見かけますが、やはり使われずにキッチンの片隅でホコリをかぶったまま……。

重要なのは、「使わないのはなぜだろう？」と考え、理由をはっきりさせることだと思います。そして**使わないとわかったら早く処分する**ことです。

また食品別の電子レンジ専用の容器も考えもの。これまでの器にラップをして、チンすれば間に合うことが多いと思います。

アレ用コレ用とさまざまなサイズの容器は収納場所を取ります。3～4種類のサイズに抑えて、使い回せば場所を取らず、使いたいサイズをすぐ取り出せるようになります。

余談ですが、100円ショップをリサーチしていたら、スライスチーズ用の容器がありました。ふたをパカッと開けて入れる形で、一瞬、へえ～と思いましたが、これも専用容器でなくても間に合います。

使わないとわかっていても（たとえ100円ショップのものでも）あっさり捨てるのは心苦しいものです。だからこそ**買うときは慎重になることが、捨てるものを増やさないコツ**です。

気づかずに、ゴミを増やしているかもしれない

モノを捨てることって、どこか抵抗がありませんか。つい何かに使えないかと思ってしまうもの。でもこれがくせ者、**無理に再利用したために、かえってモノを増やしている**ことがあります。

たとえばペットボトル。捨てると環境問題になるからと、何かの容器として使おうかとカットします。カットしたところは危ないから、ビニールテープで縁取りし、ペインティングのために塗料も買う。結果、使い残しのビニールテープ、塗料が残り、ゴミとなってしまいます。

また服をほどいてランチョンマットを作ったとします。そのために撥水スプレーを買いました。しかし、その後、ランチョンマットを作ることがなければ、撥水スプレーを使うことはなく、結局ゴミに……。このように捨てたくないと思ってやったことが、皮肉なことに逆に捨てがたいモノを増やしているのです。

環境を考えた廃物利用のつもりが、ゴミを増やすことになる。中途半端なモノを作ると

飽きてしまったときに、すぐゴミになってしまう可能性があります。

私は手づくりを否定するつもりはありません。あくまで楽しみと認識していればいいんです。それを「リサイクルやゴミにしないため」と勘違いしないようにしましょう。

本当に「捨てたくない、ゴミを増やしたくない」なら、ペットボトル飲料は避けるなど、捨てるものは手に入れないのが、賢い選択じゃないかしら。

タダなものほど、よく溜まってしまう

何かと溜まってしまうものに、タダでもらえる粗品があります。

タオルやティッシュ、洗剤など消耗品ならいいのですが、困ってしまうのは、保存容器。もらったときは、タダだし、何かに使えそうと思ってしまう。でも自分で選んだわけでもないので、大きさもまちまちだったりして、意外にかさばり、スペースを占拠。

結局、今使っている容器のほうが使い勝手がいいので、使わずじまいで。誰かにあげればいいかな、と取っておいても、今どきもらってくれる人も周りにいません。いつの間に

か忘れて死蔵品に。結局、大掃除のときに見つけて、ゴミとして出すことに……。

そのようなゴミを増やさないコツは、差し出されたとき、気を悪くしないように言い方に気を付けて、お断りすればいいですね。

私の場合、**「ありがとう、何かしら？　使うモノだったらいただくわね」**と言いながら、中身を見せていただくようにしています。

さらに溜まりがちなのが、化粧品のサンプルやホテルなどに置いてある人数分のアメニティグッズ。これも料金のうちなので持ち帰ることが多いと思います。でも持ち帰っても使うのが面倒で溜まってしまうケースが多いんですね。

残ったアメニティグッズのことですが、ホテル側では使用、未使用を仕分ける人件費がかかることもあって、全部処分する業者と仕分けている業者があるそうです。残ったものを全部廃棄処分にするとエコではなくなる。

なんだか持ってきたほうがいいのか残してきたほうがいいのか迷いますね。でも持ち帰って結局、捨てるとしたら、ホテル側が捨てるのと同じ。それなら、使いそうなものだけ持ち帰りましょう。**持ち帰ったら、意識して使って無くしましょう。**

以前、海外出張が多い商社マンのご家庭の収納相談で伺ったとき、びっくりしたのが、部屋の棚の一角を占めるファーストクラスの機内アメニティグッズの山でした。そこにはアイマスク、スリッパ、リラクシングウェアが所狭しと……。他に入れたい生活道具が、それらに占拠されて入りません。「こんなにあるから、もう持ち帰らないで、」と言っても持ち帰るのだとか。もちろん、それもチケットの料金に入っているのですが、お金を払わずに自分のものになるというモノに人は弱いものですね。それこそ未開封とわかるような、航空会社ではそのまま使えるので、置いてきたほうがエコだと思います。

その家の場合、専用のスペースは半分にして、半分の量はリサイクルすることができました。リサイクルも手間がかかります。ご主人には、びっしり詰まったそれらの置き場所を見せて、もう入らないことを納得していただくことにしました。**使ってくれる人が周りにいない、また使い切れないものは「手に入れない」**のがベストです。

人には「捨てたら」と言えるのに、自分は捨てられない

人には捨てたらと言えるけど、自分が言われると、なぜか素直に聞けない。それってな

ぜなのでしょう？　人のものは使っている、使っていないなど、客観的に判断できますが、自分のことになると使う使わない以外の感情が絡むので、そうはいきません。

素直に聞けないのは、そのモノに対する「自分の想い」を相手は理解していないはず、と思っているからです。まさにそれは事実です。

たとえば、マグカップが必要以上にあれば、他の人は多すぎるから捨てる、と判断基準が単純です。しかし、持ち主にとっては、このカップはどこそこで買ったもの、あれは誰々さんからもらったものなど、一つひとつに思いがこもっています。

減らさざるを得ないなら、話し合ってそれぞれの置き場所を決めるしかありません。

家族といえども共同生活なので、**お互い思いやりをもって話し合うことが、実は収納でも重要**なことなんです。

たとえば、ある方が子どもの入園の際に買った自分のスーツをどうしよう？　と悩んでいたとします。

「想い出の服だし、結構高かったし、2〜3度しか着てないから新品同様……」という思いが頭をよぎり、捨てられません。

でもよく考えると――。

「少しデザインも古いかな、これから着るかと考えるとまず着ない、サイズも合わなくなっているし、だったらフリマやネットで売ろうかな」

そんなふうに、前にも述べた「服やモノを処分するときの考え方の手順（Ｐ32）」「未練を残さない捨て方（Ｐ33～34）」のように思いを巡らすことが大事です。

そんなプロセスを踏んだりするのはまどろっこしいと言われそうですが、実はこの**訓練を重ねると「捨てられる人」になれる**のです。

私の「収納カウンセリング」でも、クライアントの方は、はじめはなかなか判断できません。でも横について一つひとつ捨てるプロセスを踏みながら進めると、次第に判断が早くなり、自分で決められるようになっていきます。

使っていないもので、捨てようか否か迷うもの、どんなものにでも共通する判断要素を挙げてみましょう。

・過去に何の目的のために手に入れたのか？　↓もう目的がなければ処分。
・今すぐ使うか？　↓すぐ使う場所に置く、その場所がなければ処分。

・未来で使うシーンはあるか？　↓はっきり言えれば残す。
・好きか嫌いか？　↓高かったものでも好きでなければ処分、好きならすぐ使う。
・飾りものとして取ってあったのか？　↓それならどこに飾りたいのか決めて飾る。飾る場所がなければ、処分するか、物入れに入れる。入れる場所もなければあきらめて処分。見て思い出したものは、見えなくなると忘れる傾向がある。
・想い出として取っておいたものか？　↓見てて嬉しいものは場所があれば残す、なければ処分。

私自身、収納カウンセラーとして立ち会うときに、もう処分するしかないというような場面でも、「捨てましょう」とは決して言いません。結論は自分で出すしかないからです。

未練の断ち切りやすさは、モノを手に入れたときのプロセスによっても違います。

懸賞で偶然当たって手に入れたものと、欲しくてたまらなくてお金を貯めて、やっと手に入れたものとでは、「想いの強さ」が違いますよね。

たとえ使わなくなったとしても、処分するときには、未練の度合いに差が出るはず。考えようによっては、**ラクに断ち切れて、捨てやすいモノから処分**すればいいのです。

捨てられないのは、人それぞれで、モノそれぞれに奥深い理由があるもの。

だからこそ、**「捨てる・捨てないの判断」を早くする**ために、手に入れた動機とプロセスを考える習慣をつけることが必要なんです。

そうは言っても、10個捨てた中に1つ捨てなければよかったと思うものがあるかもしれません。その場合はこう考えましょう。その1つのおかげで9つ捨てることができたと。

未練の断ち方にはこんなケースもあります。

たとえば、シンプルな機能しかなかった炊飯器を、より美味しく炊ける最新の多機能な炊飯器に買い換えたとします。そのときに「まだ使えるから」と、従来の炊飯器を大事に取っておく方がいます。もし新しいのが壊れたときに使えるからと、捨てないんですね。


でも考えてみてください、買い換えたのは美味しくご飯を炊くためでしたよね。万一、故障した場合という低い確率のために、古い炊飯器を取っておくとそのスペース、付いたホコリの掃除の時間など、もったいないと思いませんか。

「もしも壊れたときに出番があるのでは？」と思っているのでしたら、修理の間はお鍋や土鍋でご飯を炊けばいいのです。その間、しのげる方法があるものです。

これは炊飯器に限らず、これまでのモノも使えるけれど、新しい機種（家電が多い）を買った場合、場所があるからと、あまりよく考えずになんとなく取っておく気になるときの注意事例です。

片づけはすべて「捨てる」ことから始まる！

片づけと同じ様に使う言葉に整理があります。あとで（ＰＡＲＴ４）詳しく述べますが、混同すると手順を間違えるので、まず確認しておきます。

私は**「整理」とは不要品を捨てること、「収納」は出し入れしやすい場所を決めて収めること、「片づけ」は、使ったあとに決めた場所に戻すこと、**としています。

ここまで「捨てる」について多くを語ってきたのは、モノがあふれていては、出し入れしやすい置き場所や入れ方を決めることができないから。

モノが決まった場所に戻せないと、出しっ放しで散らかり、使うたびに違う場所に入れてしまい、探し物につながります。つまり片づけられなくなってしまうんですね。

だからこそ、まず服やモノを減らし、置き場所を確保する――。つまり片づけられるスペースをつくる必要があるのです。

私は片づけや整理収納を、山登りにたとえることがあります。「使いたいものがすぐ出せて、戻せる。その結果いつもスッキリした家や部屋になる」というのが、頂上＝ゴールです。山に登る前にまず荷物を見直し、なるべく身軽にしておけば、早くラクに頂上がめざせます。しかしこれもあったほうが便利と、余計なものを荷物に加えると、疲れてしまい、せっかく登り始めたのに、あきらめて早々と下山することにもなりかねません。

余計な荷物は減らしたほうが正解。だからこそ、「捨てることがスタート」なのです。

ただこれまでに述べてきたとおり、捨てることは、そんなに簡単なことではないことがわかっていただけたと思います。私の長年の収納カウンセリングの経験からお話しすると、このスタート時点で、捨てることが実行できた人ほど、短期間で**「理想の片づく家と幸せな暮らし」**を手に入れています。

服やモノの適量化が、片づけの第一歩。片づけはやはり捨てることから始まるのです。

片づけ
収納
=
山登り
GOAL
ポイッ
ラク
ラク

捨てられると家事がスムーズ、時間にゆとりが

片づけるために、「捨てること」を勧めるいちばんの理由は、私自身、「捨てる」ことで家事が本当にラクになったから。

結果、自分にゆとりの時間が生まれ、やりたいことができるようになったのです。

整理収納の仕事を始める前、私はシステムキッチンの設計の仕事をしていました。その頃の私の家はモノがあふれていたので、家を出る時間までに、掃除などの朝の家事が終わりきらないまま、後ろ髪を引かれる思いで、出かけていました。

そんな状態が続いていたので、何とか手を抜かずに家事を終わらせられないものか、と常に考えるように……。

たとえば掃除機をかけるとき、何に時間がかかっているかというと、床に置いていたモノをいちいち移動していたから。

アイロン台や雑誌や本、折りたたみ式の座卓や座布団、玄関マットなど。それらを動か

す時間は数分。しかし、いろいろ重なると5分、10分はすぐ経ってしまう。

アイロン台は、テレビを見ながら、リビングで毎日使っています。折りたたんで、いちいちしまうのは面倒と、リビングの片隅に置きっ放し。

そこで考えたのが**「リビング内に収納できれば、すぐに片づける気になるのに」**ということでした。

しかし、リビングには半間ほどの物入れしかありません。そこは編み機や手芸をしていたときの布や毛糸、そして油絵の道具と、すっかりご無沙汰の昔の趣味のものであふれていました。


そこで思いつきました。

ここが空けば、座卓や座布団、アイロン台などが収まる——。

「ここに今、必要なモノを入れよう！」と決心。

物入れを空にして、床に置いていたものを入れると、部屋は広くなり、気楽に必要なものを取り出せる。

何といっても床にモノがないので、掃除機をかけるのがとてもスムーズに、時間も大幅に短縮することができました。

玄関マットもなくてもいい。かえってスッキリするし、掃除機をかけるときがラクなだけでなく、雑巾がけも気楽にできるようになったんです。

「マットがあったから、床の掃除が億劫だったんだ」ということにも気づきました。

そう思うとキッチンの床のマットも要らないということがわかる。足元が冷えて寒ければ、スリッパを履けばいい。床拭きもしやすいし、何よりマットを洗う手間も省けます。

このように捨てることで、**掃除などの家事を、出かける時間までに余裕で済ませられる**ようになりました。

目標どおりに家事が済ませられると、なによりもゆとりの時間が生まれ、自分の時間をつくることができるようになるのです。仕事ができると収入も増えます。

部屋が片づくと、自然にお金が貯まっていく

服やモノを捨てたメリットは、服やモノをとおして、自分にとって価値のあることが、

何なのかがわかることにあります。

本当に必要な服やモノ、実際に着る服、使うモノがわかってくるので、むやみに買わなくなります。

一枚の服を買うのにも慎重になります。合わせやすいことを念頭に選ぶようになるので買ったものは有効活用します。愛着もわいてくるので、大切に長く使うことになるのです。

これまでに収納カウンセリングで数多くのお宅に伺っていますが、実に多くの人が、実際は使っていないモノにお金を費やしていると感じます。

買い物や買い方を見直すことで、本当に必要な服やモノ、価値あるモノしか買わなくなるので、必然的に浪費が減る。つまり、その分、お金が貯まっていくのです。

片づくと自然にお金が貯まる——。片づけにはそんなメリットもあるのです。

「要らないモノ」にお金を払っていませんか？

たとえばあなたが60㎡で月15万円の賃貸マンションに住んでいるとします。畳1枚分の賃料は約4000円換算に。

そこで一間（畳1枚分）の押し入れに、レンタルで間に合うスーツケース、使わなくなったストーブや扇風機や古いモデルのスキー用具、ウェア一式、着なくなった衣類を死蔵していると、ナントそこに毎月4000円、出費している計算に。

それだけではありません。**モノがあれば、ホコリを払ったり、掃除をしたりして、管理に時間と労力も費やしている**ことになります。

このように「要らないモノ」に家賃の一部と労力を費やしているなんて、もったいないと思いませんか。お金に換算することで捨てる決心がつきやすくなることもあるので、ちょっと考えてみましょう。

服やモノが少なくなれば、その分、空間を広く使え、片づけやすくなります。また、案外、もっと低い家賃の狭い家を借りても暮らせるかもしれません。

片づかないと、体も不調になる！

モノを捨てただけで、喘息がおさまった、アトピー性皮膚炎の症状が軽くなったという方は少なくありません。もちろん理由はアレルゲンのチリやホコリが減ったから。

物持ちのいいBさん宅。収納スペースはパンパン。そこからあふれたものは、テーブルの下や誰も座ることがない椅子の上、家具の扉の前など、そこかしこに置かれています。それだけ床にモノがあると、掃除機をかけるのもままなりません。ましてや床の拭き掃除など……。いちいちモノを移動させるのも億劫になって、掃除をする気も失せてしまっています。

そのためにBさん宅は、もう何年も大掃除はしていません。掃除をしていないと適度な温度の中で、ホコリには目に見えない微細なカビやダニが発生。こういうところはゴキブリも大好きです。そのフンもカビとダニの栄養分となります。**掃除ができないと、臭いも気になる。**そのため消臭剤や殺菌スプレー、殺虫剤も必要となり、これらがまた床に何本も……。

体にいいわけありません。付け焼き刃的な対策よりも、抜本的な掃除が必要不可欠です。そこまでになると一人では手を付ける勇気が出ません。誰かに手伝ってもらいたいということで、ご依頼をいただきました。

一緒にむせかえるホコリを取り除きながら、魑魅魍魎《ちみもうりょう》たるモノの山を崩すようにモノを減らし、次第に床が見えてきました。そうなれば掃除もラクラク。

その結果、アレルゲンが減り、てっきり喘息だと思っていた、Bさんの咳はおさまりました。

もちろん、モノを減らすだけで片づくはずはありません。

もともと収納場所がなかったり、必要なものが使いたい場所になかったり、など収納が問題だったのです。

でも、まずは減らしただけで、見通しが立ってきました。

片づけやすい収納にするには、このように減らしてから行うことが重要です。

家の中で、思わぬ事故やケガのもとになる

床にモノを置くはめになると、歩くのに不自由します。

ましてや家族が年老いて車椅子を使おうとしても、使えません。家の中を歩くときに、

あるはずのないところに障害物があると、事故が起きかねません。

実際に公的機関のレポートでも、そういう報告は山ほどあります。せっかく段差のないバリアフリーの住宅に住んでいたのに、ダイニングテーブルの下にいただきものの箱を置きっ放しにしていたせいで、椅子が出っ張っていたため、その脚に引っ掛かって転んで骨折するなど、そのような例は少なくありません。

高齢者になると、骨折がきっかけで寝たきりになって、認知症が進んだりということがよくあるのです。

元の位置に戻す「片づけ」と要らないモノを「捨てる」ことは、生活の一部として、常に意識し、実行していきたいですね。

日本は高齢社会ですから、片づけられたゆとりある空間は、介護する側、介護される側にとっても、安心・安全で快適なものになるはずです。

高齢者に限らず、子どものケガ、転倒、また赤ちゃんや幼児が、煙草などの異物を口に入れてしまうといった家庭内の事故も、「片づけ」と「捨てる」ことの実行で防げます。

イライラが消えて、優しい気持ちになれる

これは私の実体験から。

毎日こなさなければいけない炊事・洗濯・掃除……。片づいた家は、こうした家事の時間を短縮し、ゆとりの時間をつくることもできます。

時間にゆとりができれば気持ちにもゆとりが出て、**子どもが話しかけてきたときも、ゆっくり聞いてあげる**ことができます。

あるご家庭の例ですが、どの部屋もモノが多く、モノが二層、三層にも積み重ねられた状況――。

かろうじてリビングだけは、テレビの前に座れるスペースがありました。そんな状態なので、家族がくつろげる場所がほとんどありません。

奥様は、「主人は毎日帰りが遅く、家に寝に帰って来るだけ」と不満そうな様子。

そこで私が感じたのは、「この散らかり放題の家では帰ってきても、居場所もなく、くつろげないと感じて、寝るだけという時間まで帰らないのかもしれない」ということ。

そうなると子どもも、父親とコミュニケーションする機会がありません。

もちろん原因は、奥様の怠慢だけとは言い切れない。夫婦仲の問題だったり、家事を共に行う「とも家事」をする取り決めがなかったり、ご主人が自分の趣味に没頭して、モノを増やし続けるなど……。片づかない理由は一つだけではありませんが。

でもその理由のひとつ「片づけ」ができてスッキリすると、他の問題も緩和されてよい方向に向かうことも考えられます。

心地よい空間には家族が集まり、会話が増え、理解し合い仲良くなります。大切なのは奥様任せにしないで、片づけについて、夫婦、家族で話し合って真剣に取り組むことなのです。

片づけのイライラが消えれば、優しい気持ちになり、笑顔が生まれます。いつもガミガミ、プリプリしているお母さんには、子どもはもちろん、ご主人も話しかけにくいもの。心地いい空間、帰りたくなる家になれば、家族のコミュニケーションが生まれます。

でもどのようにすれば片づくのでしょう。そこが知りたいですよね。その方法は後の章でお伝えします。

「片づかない」は夫婦喧嘩、離婚の原因にも

ある生命保険会社が発表した興味深いレポートがあります。それが「いい夫婦の日」にちなんだアンケート調査の結果。そこには、夫婦間の不満についての項目がありました。相手への不満を聞いてみると夫と妻が双方に抱く不満のトップ3に、**『整理整頓ができない』**という項目、いわゆる「片づけに関する不満」が入っていたのです。そのほかは「気が利かない」「家事の協力をしない」「体形が変わってきたところ」でした。

夫婦間で片づけが問題化していて、双方で同じ思いを抱いていることがわかります。

私が行う「整理収納講座」の中で「主人に何度言っても、『あとでやるから』と言われて、手つかずのままの場所が何カ所もあって。いっそ勝手に処分してしまおうかと思って」と相談される方も。私は「勝手に処分するのは絶対にやめてくださいね。よく話し合ってみてください」とお話ししました。実際、勝手に処分し、あとで気づかれて、夫婦喧嘩になりトラブルが長引いたケースが多々あるからです。

実際、どちらかが「家が散らかっている」＝家事をしない、という理由で離婚に至って

しまった、というケースもあります。「たかが片づけ」と侮ってはいけませんね。

夫婦の「整然感覚」の違いを認め合う

夫婦は一番近い他人。知っているようで意外に知らないところがある――それが夫婦じゃないですか。とくに片づけに関しては、「整然感覚」の違いがあります。

「整然感覚」とは私が、収納カウンセリングを行っているうちに「片づく」という感覚には個人差があることに気づき、名付けた造語です。

たとえば壁と家具の間に紙袋の束を収めたときに、「スッキリと片づいた」と感じるか、それを見て「雑然としている」と感じるか。

タンスの上の空きスペースに、モノや箱を置いている状態を「見苦しい」と感じるか、「スペースが有効活用できていい」と思うのか、といった感じ方を「整然感覚」としました。どの程度のモノの散らかり度や、納まり具合なら、夫婦が互いに許せるかということです。

片づける際には、夫婦や家族間の「整然感覚」をモノサシとして理解しておく必要があります。

自分が散らかっていると思っても、相手はそう思っていない、またその逆のケースも。お互いにモノに対する価値観や、「整然感覚」の温度差があることをまずは認め合い、そして折り合いをつけることが必要なんです。

私が行っている収納相談「収納カウンセリング」で伺っていると、夫婦や家族で片づけについて、話し合われているケースはわずか。奥様任せになっていることが多いんですね。本来、片づけや収納は夫婦や家族で共に取り組まれたほうが、いいと考えていました。というのも住まいは夫婦や家族の共有スペースが数多くあるからです。

共有スペースでは人のものが気になりますが、前述のように「これはいらないんじゃないの」とズバリ指摘する言い方を避けるのが賢い大人の対処法。

個人所有のものは互いの専用エリアに移動し、関知しない。どうしても共有スペースに置きたいものはお互いをリスペクトし、持ち物やスペースの棲み分けを考えることです。

私自身もそうしています。関わりすぎて喧嘩したり、言い合ったりするのは、労力もかかりますし、第一お互いに気持ちよくないし、ストレスになりますからね。

散らかってる？
散らかってない？

PART 2

買っても、なぜまた欲しくなるのか？

買い方を変えるだけで、片づけがラクになる

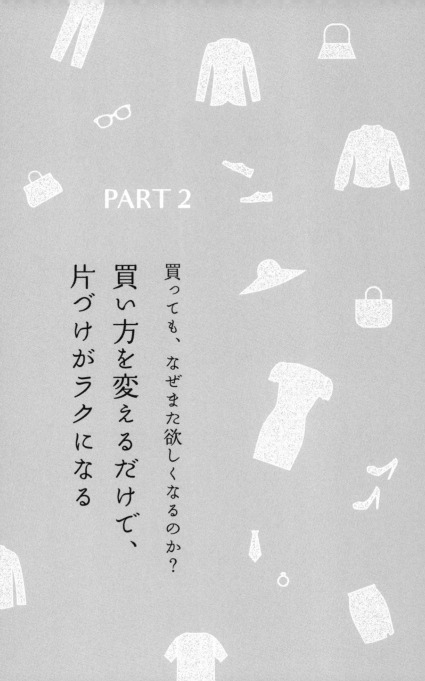

買いたいモノを選ぶ基準がわからない

欲しいものをすぐ買ってしまうという人の家は、モノが床にもあふれがち。そのうち階段にまでモノを置きだし、足の踏み場にも困り、家の中を移動するにも注意が必要に。そういう方はダイニングテーブルの上もモノがいっぱいで、食事のたびに上げ下ろししなくてはならず、上げ下げしているうち、とくに書類などはどこにあるかわからなくなり、いつも探すハメになります。中には、唯一モノが置かれていないスペースはベッドの上だけ、というケースもありました。

買いたい放題買って、捨てることをしないと、60～70㎡ある家でも1年ほどでこのような住まいになります。

買ったらモノが増えるのは当たり前です。でもそれがわかっていても無計画に買い続けてしまうのは、自分の持ちものに満足していないから。目新しかったり、珍しいものがあったりすると、満足感を求めて買ってしまう。

なぜ満足したものが買えず、何度も買い続けてしまうのか。

それは**「自分の生活」や「好み」や「価値観」が定まっていなくて、「モノを選ぶ基準」ができていない**からかも。
それが部屋の状態に表れてしまっている――およそ2割の方が、そうした理由でモノが増えています。

もしこの本を読んで、「私もそうかも」という方には、荒療治ですが、今、使うものだけを残すことをオススメします。そしてこれから買うときは、3度以上不自由を感じたものだけを買うようにしてみてください。

すると不思議なことに、意外に買うものがないことに気づくでしょう。

それは捨てることを頑張って実践して、わかることです。部屋がスッキリすると、モノを選ぶ基準もクリアになるもの。

実行された方が言いました。「たかが片づけと思っていたけど、自分の生き方に結びついていることがわかり、いかに無駄なお金と時間を費やしてきたか、気づきました」と。

そのことに気づいていただけたことは、うれしかったですね。

また**ストレス解消のために、無計画に買い物をしてしまう**方もいます。それは何かのストレス解消かもしれません。そのストレスの原因を知り、解消しないと、今のストレスに買ってはいけないという新たなストレスも加わって、厄介なことに。

大切なのは「片づけ」を考える前に、無計画な買い物をしてしまう原因を取り除くことです。

なぜ、同じような服が2枚あるのか？

クローゼットに同じような色合いやデザインの洋服が並んでいませんか？

それは「あれ、同じような洋服を持っていたかな？」と、決断の前に、一息ついてクローゼットの中を思い浮かべる余裕がないからです。

センスのよさそうな店員さんに薦められると、「確かに似合うわ」と思えてしまうのは事実。でも帰ってきたら、買っているときの気持ちの高まりは失せ、クローゼットを開けたら「あれ、同じような洋服があったわ」って後悔することはありませんか。

経験的にわかっているはずなのにやめられない、つい失敗してしまう。

その理由が少しわかりました。あるテレビ番組で興味深いテーマが紹介されていました。こうした衝動買いの原因は、ホルモンの変化にあるというのです。人は好きなものに出会った瞬間、心拍数が通常80前後の人だと、130近くにも上がり、集中力が2倍になり、瞳孔も開くのだとか。そして、脳内に快感を促すドーパミンが分泌されるんだそうです。

これは好きな人に出会ったときの恋愛感情に似ています。

そのときに**「これって本当に必要な洋服かしら」と考える余裕がなくなってしまう**のは、仕方のないことだったんですね。だからこそ試してほしいのは、深呼吸。一度、売り場から離れて、熱を冷まし、再び見る。

さらに買わずにその日は家に帰ります。「売れてなくなったらどうしよう」と不安なら、お取り置きをお願いしましょう。家に帰ってもまだ買う気があれば本物。これくらい慎重になると服は増えません。

テレビショッピングだったら、チャンネルを替えます。ネットショッピングやカタログ通販だったら、すぐ購入せずにいったん閉じます。時間が経てば、冷静さを取り戻すことができます。

安売りで買い過ぎ、買い置きに注意！

同じようなものを買ってしまうのは、洗剤などの日用品や、食料品でもよくあることです。伺った家でも「売りものですか」と言いたくなるほど、在庫を抱えているケースがよくあります。1〜2個程度なら買い置きとして納得できますが、ダースで買う必要はないでしょう。多すぎる買い置きは、スペースを占め、片づけの邪魔になります。

ではなぜそんなことが起きてしまうのか。よくお聞きするのは、次のふたつ。

1. 安売りだったから

場所を取り、そのためにモノの出し入れが不自由になっていたら、時間と労力の無駄です。実は高くついているかもしれません。

2. 無くなると不安だから

シャンプーや洗剤は一気に無くなるほど使うことはないはずです。ここは知的に、たとえばシャンプーは何日間で無くなるなど、一度調べてみましょう。使い始めるときに油性ペンで日付を書きます。わが家では何本あれば問題ないのかがわかります。

無くなって買い物にすぐ行ける状態や場所なら、買い置きはなくてもいいくらいです。

ちなみに私は、ボトルの3分の1ほどになったら、スマホの「メモ」に「買い物」というフォルダを作っていて、そこに書き込み、買い物の際にそれを見て買い足しています。

在庫を抱えすぎるもう一つの理由は、**買い過ぎてあちらこちらに分散させ、買ったことを忘れている**ことです。その対策は必要な本数が入る見やすいスペースを1カ所と決め、それ以上入れない意識が必要です。

「つい買ってしまう」その心理とは？

新しい商品を見ると、「おー、いいかも」と、つい買いたくなります。

企業やお店は、人の買いたい意欲を研究し、いかに財布のひもを緩めさせるか、商品開発や宣伝、店舗の陳列でしのぎを削っています。

経済活動の一環として、モノが売れれば、「ヒト、モノ、カネ」が動き、経済が活性化します。私たちは、「欲しくなるよう」「買いたくなるよう」仕掛けられているのですから、買いたいものが出てくるのは、当然といえば当然。

スーパーなどでレジわきに、買ってみたくなるお菓子やガム、乾電池などが置いてあるのは、買い忘れや買う予定のないものを、もれなく買わせるための戦略の一つなんです。

私たちは消費者として、冷静にモノを見る目を養い、目先のモノに惑わされずに、自分の価値観にしたがってモノを買うようにしたいものです。

とは言っても、そのときの気分でつい買ってしまうこと、レジわきの商品もそうですが、その他にもついかわいいと思って、必要のない雑貨や置物などを買いたくなることってありますよね。買ってしまい、「やっぱり買わなければよかった」と思うものもあるでしょう。

そんな場合は、**家に一カ所「とりあえず箱」を用意してそこに入れましょう。**その箱があふれ出したら、順次未練が少ないと思うものを処分していきます。

私もインドに行ったとき、怪しい顔をした操り人形を買いました。売り子の一生懸命な姿に気持ちが動きました。ちょっと面白い顔だったので、一時楽しみ、今は「とりあえず箱」で眠っています。

最近、仕事をしていて思うのは、「モノを生産して、売って、消費させ経済を動かす」

ことにはもう限界が来ていると……。実際多くの住まいを見て感じます。アメリカでは経済的な数値は上がっているのに、「幸福感」は反比例のように下がっているという統計があるそうです。「経済成長の限界が来ている」とのこと。すごく理解できます。

私は衝動買いを抑えるために、買うときにいつも次のことを確認するようにしています。まずは「どこに置く？」（収納の仕事人ですから）、「本当に必要？」——。

その答えが出れば、衝動買いではありません。

「迷ったら、買わない！」と決めよう

今の暮らしに不自由がなければ、買わなかったことで後悔することは、まずないのでは？

あるとき30人の方に「買わずに後悔したものがあるか」と聞き、即答してもらったところ、3割ほどの方が「あると思います」との答え。

しかし、「それは何でしたか」と聞くと、ほとんどの方は「あれ、何だったかしら」と思い出せませんでした。わかったのは一時「買っておけばよかった」と思うものでも、ほとぼりが冷めたら忘れてしまうんですね。つまり、買わなくて正解、ということ。必要な

ものだったら、買っているはずです。

買わずに後悔したという人の中には「パーティ用のバッグを買いに行ったときに、買おうかなと思ったバッグがあったけど、もっといいのがあるかと買わずじまい。でも結局気に入るものがなく、さっきの売り場に戻る時間もなかったので、その場で妥協して違うバッグを買うことになっちゃった」という人もいます。

また別の一人は、「海外でよさそうなアンティークを見つけたけど、本物かどうか判断できずに買わずじまいに」という後悔を話してくれました。これもよくあること。でも決断できる知識がなかったのですから、あきらめるしかありません。買ったあとで偽物とわかったら、もっと悔しい思いをすることに。買わなくてよかったかもしれません。

「以前は結構モノに執着していたのですが、モノが多いつらさ、モノが少ないことの快適さを知ってから、**逆に、あのとき買わなくてよかった**と思うことが多くなった」と言う方も。

買わなくて後悔したモノでも、時間が経つと、モノ自体何だったか忘れているのですから、「すぐ決められない、迷ったモノは買わない」と、決めたほうがよさそうです。

NO!

「あると便利」は、なくても困らない！

あれば何かと便利と思うモノに、収納用品があります。でも実はこの収納用品こそ、逆に「あると不便」なモノになりがちなのをご存じですか？

その代表例が引き出しの多い家具、そして小ぎれいなプラスチックの箱……。

「これさえあれば、小物が増えてもスッキリと片づきそう」
「あれば何かを入れるのに便利そう」

と思ってしまうのです。

入れ物を買ってから、何かを入れようと思う人に「あると不便」が起こります。「これを入れる」のではなく、「入るモノを見つける」という考え方に要注意。これを入れるという目的のない入れ物には、何かしらモノが収まります。この収まったモノがくせ者なのです。たいていはなくても困らないような景品だったり、不要品だったり。その入れ物がなければ、「置き場」がないのですから、捨てる、リサイクルするといった行動が起こせるので、モノが溜まることがなくなります。

これを入れるという**「目的のない箱やかご、引き出しなどの収納用品は買わない」**がモノを増やさない大切なポイントです。

引き出しの多い家具を買えば収納がラク？

「引き出しの多い家具」「何段もあるトレー」を見ると、モノがキレイに片づきそうと思いませんか？　これもくせ者です。

引き出しが何段もあると、考えなしにモノを入れてしまいがち。あとで書類や小物を取り出すときに、どの段に収めたかわからなくなって、何段も引き出しを開けるハメに。

あるオフィスの収納カウンセリングをしたとき、60杯の引き出しがあるキャビネットが2台もありました。すべての中身を確認すると、使ってない銀行の通帳や期限切れの契約書、廃番となったカタログ類など、捨てていい書類でいっぱい。

同じ引き出しに入れるべき必要書類が、いくつも分散して収められていました。これでは事務処理の効率の悪いことこの上なく、不要な書類も溜まる一方です。

引き出しにラベルを貼れば問題ないと思いますが、ラベルもたくさん貼られていると見るのも面倒なものです。**引き出しの多いキャビネットは、探し物を増やし、無駄なスペースを多くしかねません。**そのオフィスの場合、頻繁に出し入れする書類だけを引き出しに収納、あとは分類してファイル化しました。

そうすると場所も取らず、必要な書類が以前よりも確実に出せるようになりました。

引き出しの利点は、奥に入れたモノでも引き出せば、すぐに見える、取れること。なので違う種類のものを重ねて収めるのはＮＧです。

引き出しの多い家具の盲点を挙げましょう。

同じ引き出しが同じ場所に３杯以上あると、中間の位置の引き出しを間違えて開けることに。たとえば、キッチンで縦に５段ある引き出しの場合、２、３、４段目を間違えて引くことは珍しくありません。それはいちいち、ここに入っているなどと意識しない（とくに家では）からです。

また、重なってしまうと下のモノがわからなくなるので、立てて入れたいと思っても深さ（高さ）が足りないこともあります。

収納用品、収納家具としてオススメなのは、高さも幅も自由になる棚です。棚の利点については、後ほど詳しく紹介します。

「流行モノ」「定番モノ」を分ければ、服が増えない

洋服好きな人は「流行」に敏感です。しかし、流行を追いかけていると、キリがなく、クローゼットはあふれてきます。そこで洋服を「着尽くす、着古す」などして減らしやすくすることを考えます。そのためには、ひと目で洋服が眼に入り、まんべんなく着るようにできる収納にする必要があります。

その方法は3通り。まず、**ハンガーパイプ**に吊るせるだけ吊るします。吊るしきれない服は引き出しを使わず、**棚に置く**こと。一般的に引き出しに入れることを考えますが、引き出しは1回引いただけではすべての服は見えません。その点、棚収納は扉を開ければすべて見渡せます。衣類の棚式収納は私のイチ押しです。

ただ下着や靴下などたたむと小さくなるものは、**引き出し**に。深い引き出しは重ねたたく

なるので、浅めの引き出しが最適。重ねて入れないので、引き出しを引くだけで見渡せます。この3通りの衣類収納にするには、手持ちの衣類を4分の3ほどに減らさなければなりません。でもひと目で見えて、さらにスムーズに取り出せることが快感に。そうなると適量オーバーになったときの不便さに嫌気がさし、捨てる気になるもの。

出し入れがラクになると、フル活用するので傷んだり、シミがついたりして処分しやすくなります。次の流行が来るまでには着尽くすことになり、新しい流行の服を気兼ねなく買えます。

服を選びやすく、出し入れをラクにすれば、余計な服が溜まりにくい、ということです。

さらにオススメしたいのは、「流行モノ」と「定番モノ」とを分けて意識して買うこと。流行には3年という周期があるとか。そこで、流行モノと定番モノとをうまく組み合わせることで、流行の要素も入れながら、多くの服を持たずに、オシャレに着回せます。

そのように意識したことで、以前よりオシャレになり、表情も明るくなった方を何人も知っています。実は洋服が少なくなることで、**洋服選びに迷うことなく、どのように着こなせばいいかを考えるようになって、着こなしのセンスが磨かれた**んですね。

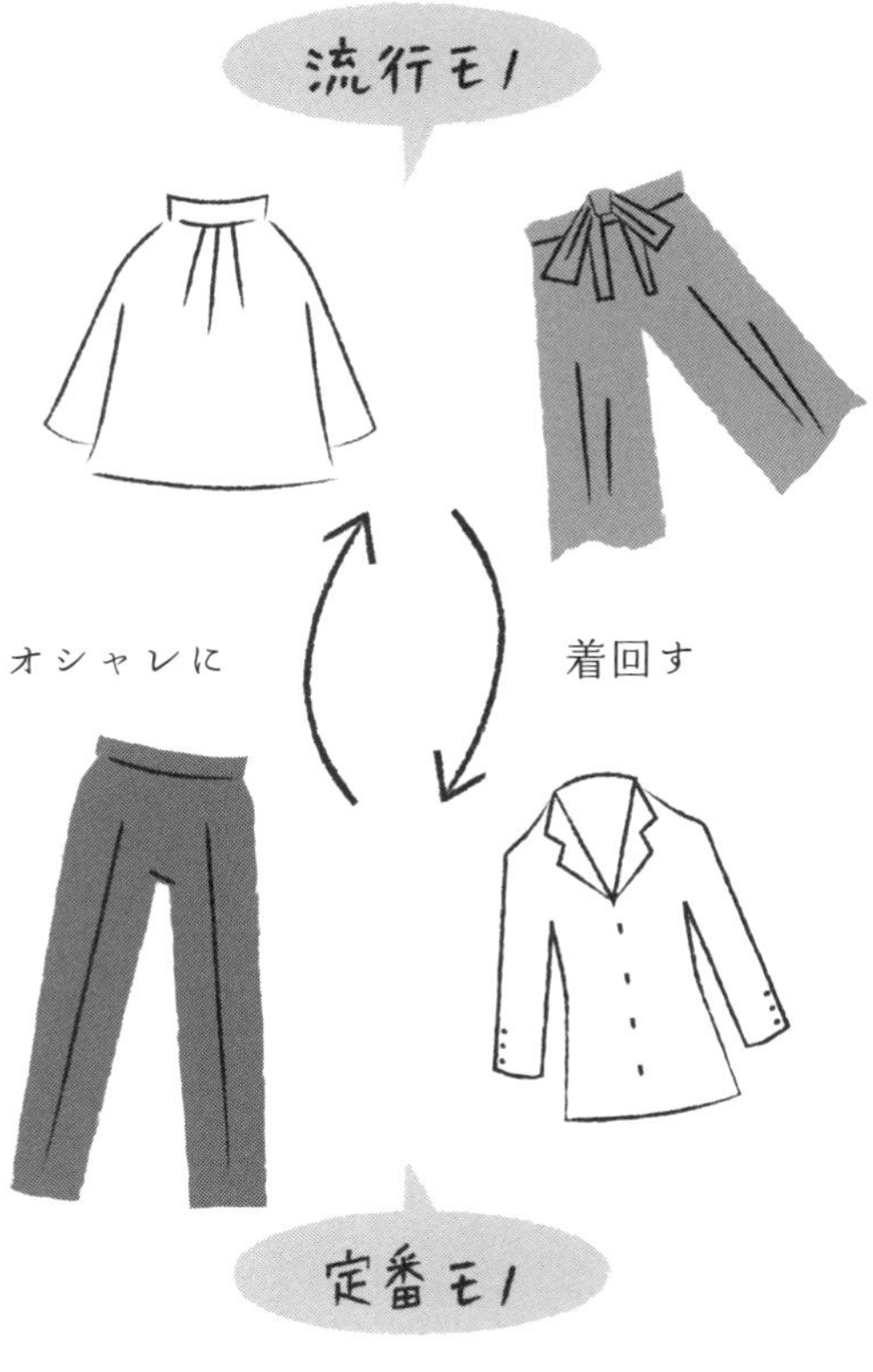
流行モノ
オシャレに
着回す
定番モノ

特売セール、バーゲンに惑わされない！

流行の服や日用品が安く買える特売セールやバーゲンには、誰しも心が動かされます。限定品もその一つ。ついつい安いから、ここでしか手に入らないからと、余計なものまで買ってしまうことってありますよね。

でもそうしたものは、意外にあとで冷静になってみると、何でこんなものを買っちゃったのかしらと思うこともしばしば。衝動買いしたものほど、真っ先に処分する対象になりがちです。

特売セールやバーゲンのときほど、冷静になる必要があります。

バッグや靴なら「どんなとき、使うかしら」、アクセサリーなら「どの服に合うかしら」、洋服も「どんなシーンで着るかな」「本当に自分に似合っている？」「似たような服持っていない？」など冷静になって考えましょう。

そう考えるうちに、**「汚れやすそうで手入れが面倒かもしれない」「安いけど、そんなに**

長く着られそうもない」という冷静な判断ができるようになります。

買い物って縁だと思います。本当に欲しいモノは、また出会える気がします。そして次に出会ったときに、欲しいという気持ちがあれば買えばいい。

吟味して手に入れたモノは愛着がわくので、長く大事に使えるはずです。

衝動買いをやめるためには、メモの習慣を

衝動買いや余計な服やモノを買わないためには、何を買いたいのか、何が欲しいのかをメモして臨むことをオススメします。

それらが決まっていれば、誘惑を感じても衝動買いする気持ちは弱まるでしょう。

とくに有効なのが日用品などを売っているスーパーの特売セール。いつものスーパーで買い物をしていたら、トイレットペーパーが半額。しめたと思って買い込んで帰ったら、収納スペースがないなんて経験はありませんか。

たとえばA子さんのお母さん。洗剤やシャンプーなどの特売があると、山のように買い込んできて、「賞味期限も関係ないし、どうせ使うんだし」と言い訳しています。

しかし、ストックする場所からはみ出しているので、部屋の中はどこか雑然として友だちを呼べません。

買い過ぎを解消する方法に「常備数リスト」を作るなどがありますが、私は面倒でできません。ラクなのは、見てわかるように最大必要ストックスペースを設けること。**「そこに入る数しか買わない、入れない」を徹底的に守る**ほうが続きましたね。

トイレットペーパーなら、家族でどれくらいのペースで消耗するか、パックを開けた日を油性ペンで記入し、使い終わるまで何日かかっているかを、一度だけ確認すれば、使う頻度に合わせたストック数が決められます。

たとえば12ロールが15日でなくなるとすれば、1カ月分は2パックとわかります。2パック分の収納スペースを設け、2パック目を開けたら補充するんです。

災害に備えることを考える場合は、非常用の置き場所としてそのほかのモノも一緒に別の場所に用意するほうが安心です。

必要以上の買い置きのし過ぎで、「部屋が雑然とする」、「片づかない家になる」のは避けたいものです。

「収納用品を買えばスッキリ片づく」は錯覚

収納用品・収納家具を買えば、モノが収まる、片づくと思っていませんか？　それは誤解、錯覚なんですね。

たとえば押し入れに、キャスター付きタンスを入れると、スッキリ片づくと思うかもしれませんが、すでにすき間なくモノが入っていれば、収納用品自体も入るはずがありません。何が言いたいかというと、収納用品が入るスペースがあるところしか、収納用品・収納家具は使えないということ。

押し入れやクローゼットで収納用品を使うということは、収納スペースを増やすためではなく、出し入れをラクにする、つまり片づけやすくするということなのです。

モノは縦にしても、横にしても、体積は変わらない。 収納スペース以上のモノは、いくら収納用品を用意しても片づくことはありません。

収納用品・収納家具はモノを減らしてから、買うべきです。

測る
入るかな…

「幸せを感じる」「生活が楽しくなる」買い方

これまで、片づけの考え方や効用、モノの処分の仕方、そして買っていいのは、今、必要なものとお話ししてきました。必要なモノしか買わないほうがいいというのは、当然、モノがあふれている家の場合と、片づけをラクしたいという場合です。

でも、必要なモノだけだと味気ない。そこで「心に栄養を与える買い物のススメ」を。

それは「幸せを感じる」「生活が楽しくなる」――そんな買い物です。

たとえばアンティークのティーカップで、お茶を楽しむ。ふだん使いのマグカップも実用的でいいのですが、いつものお茶より美味しく感じられる。それは暮らしに彩りをもたらす。ときには「ずーっと欲しい、でも贅沢かなあ」と思い続けていたものを思い切って買うのもいいでしょう。匠がつくり上げた一級品。長年愛されている定番のモノ。最新のデザインが施されたモノ。本当によいモノに触れると、心が満たされます。

なぜ私が**「心養う買い物」**を勧めるかというと、その満足感を得れば飽きてしまうようなモノを買わなくなるから。失敗しがちな衝動買いを抑えることにつながるからです。

PART 3

その服、最後に着たのはいつ？

モノを捨てて減らせば、気持ちよく暮らせる

モノを減らす時間は1回15分だけでいい

片づけや収納を扱うテレビ番組の特集でよくあるのが、服なら服を全部、部屋中に出して、今後も着る服、処分する服、そして決めきれないので保留する服に分けて、減量していくやり方です。

これはあふれかえった服などの総量が、一目瞭然という意味でいい企画。映像で見ると、「服って見直さないと、こんなに溜まるんだ」っていうことが、よくわかります。

テレビでは収納の専門家や番組のスタッフが掛かりきりになって、1日で終わらせるので、何とか収まります。明日からの生活に支障をきたすなんてこともないでしょう。

ただし、これを一般の人がやったら、とんでもないことに。

ただでさえ、なかなか服を処分できなかった人が、1日で見直せるはずがないと思いませんか。たぶん、服を部屋に広げたところで収拾がつかない。途方に暮れるはず。これができるのはテレビ番組か、服を出しっ放しにしてもいい部屋があるような広い家ぐらい。

〈捨て方ポイント1〉 15分だけ実行

私が提唱しているのは、今ある服の中から不要な服を徐々に見直していくやり方。費やす時間は、1回15分を目安としています。

これは服に限らず、どんなモノでも同じです。もちろん、その人の集中力や体力、あと片づけにかけられる時間的余裕にもよりますが、人がモノゴトに集中できる時間は、15分と言われているからです。もちろんもっと続けられれば続けましょう。

タイマーを利用すると意外にそれだけに集中できます。

〈捨て方ポイント2〉 見直す場所を限定する

たったの15分ですから広い範囲の見直しはできません。そこで、たとえば「今から15分、クローゼット右側の扉の中だけを見直そう」などと場所を限定します。いきなり全部を見直そうとするのは無理。1回15分くらいで見直せる範囲を決めてかかれば、ここまでできたと達成感を得ることができます。これがモノ減らしを続けるコツなのです。

〈捨て方ポイント3〉 全部出さずに間引き

テレビで見たように、全部出すと収拾がつかず泣きをみます。そうならないコツは、間引きの要領。これはたとえば服の場合、「いつも見ているけど、着たことがない」といった服だけを取り出します。そうすれば、いつ手を止めたとしても、部屋中に服が散乱することがありません。

これがもしも、全部出したとすると、出さなくてもよかった着る服を戻さなければならず、時間と労力の無駄です。何といっても、これでは嫌になり、続きません。

捨て方ポイントの1・2・3はいつもセットと考えましょう。

15分というのがわかりやすいのか、雑誌の収納特集のタイトルになっていました。それだけ見て始めても、出さなくてよかったものまで出してしまったり、あちらこちらに手を付けて、達成感を得られなかったりして挫折しかねません。

あくまでもポイント1・2・3はセットで行うことが継続できるコツです。

着る服を寄せてまとめると、着ない服がわかる

着ない服や使わないモノを間引くように減らすと言いましたが、異常に量が多い場合、

逆に着ている服をわかりやすくするという方法もあります。

クローゼットなら、着る服を右側にどんどん移動してみましょう。とにかく身につける服をまとめてみるのです。そうすれば、着なくなった服が左に寄ってわかります。要らない服を決めるよりも、まず着る服を決めるほうが簡単だし、効率的な場合もあります。

一気に処分できないものは「熟成箱」に

着るか着ないか、迷う服も出てきますよね。迷っているとはかどりません。

そこで**「熟成箱」（一時保留の箱）**という名の箱を用意し、そこに入れます。何を熟成させるのかというと、処分しようという気持ち。時間が経つとともに「やっぱり、要らないかな」と思うようになります。

熟成箱は、家に空きスペースがあってもミカン箱2個くらいまで。万が一、着てみようという気が起きたら、取り出せばいいので精神安定剤的な役目も果たします。

熟成箱が満杯になったときは、「やっぱり、着なかった」とふんぎりをつけて、潔く処分します。

「適量」ってどれくらい？

適量って人によって、使用頻度によって、服なら洗濯の頻度によっても違うので、何枚、いくつなど決めるのは難しい。そこで私は次のように考えています。

適量とは、決めた入れる場所からモノを出すとき、しまうとき、スムーズにできる量としています。

たとえばコートやスーツなどハンガーに掛かっている服は、隣の服と触れ合う程度に。ハンガーとハンガーの間隔は7〜8㎝です。

セーター、アウターのシャツなどたたむ服はできれば棚に収納する（詳しくはブティック式収納　P106を参照）。そこで15〜20㎝の見やすい高さに重ねます。

下着や靴下などたたんで並べるモノは、引き出しに一列に並べます。

その場合、1枚出したとき、隣のモノは乱れず、場所も変わらず、使うものだけがスムーズに出る。そして使ったあとサクッと戻せる。これが私の考える適量です。

「スムーズに出し入れできる」――これを意識して収めれば、「もう少し減らさなければ」

と減らす目安がつきます。

「流行遅れ」「サイズ直し」「リフォーム」は？

「痩せたら、着る」

「私にはもう派手だけど、娘に似合うかも」

「また流行がくる」

「サイズを直せば着られる」

服を捨てられない方の多くは、そうした未来形で考える傾向があります。確かにその気持ちはよくわかります。


傍から見ると、捨てられないことの屁理屈のようにも聞こえますが、本人は、本当にそう思っています。


「痩せたら着る服」は「〇キロになったら着る服の箱」など今着ている服と別にします。

その箱が満杯になったら、あふれた分量を潔く処分します。

将来、「娘が着るかも」という服は、スペースに余裕があれば、取っておいていいと思います。ただ、着てもらえるのは、まれと思ったほうがいいでしょう。デザインもオーソドックスなものならまだしも、やはりどことなく古びて感じられるものですからね。

「流行」については、ファッションは数年周期で回ってきます。流行の復活を待つのもアリかと思いますが、素材やデザインが微妙に違い、違和感があることが多いもの。今様にリフォームしたとしても、なんとなく違うようで、これも復活はまれと思ってください。

「サイズを直す」というのは、自分が洋裁が得意ならそれでもいいかもしれません。ただし、洋裁店などにお直しに出すのだとしたら、お金がかかるので、しっかり見積りを確認してから出しましょう。お直し代って、結構、かかるんですよね。あまりかかるようなら処分して新しい服を買ったほうがいいかも。

「別のものに作り変える」方法も。両親が揃えてくれた着物一式の処分を考えたときに、着物の生地からポーチなどの小物入れを作ったという方がいます。その方の場合は、想い出の品として活かせているのですね。

「服を1着買ったら、2着捨てる」覚悟を

片づけの考え方からすれば、「服を1着買ったら、1着捨てる」のが原則です。

しかし、服がクローゼットからあふれて、部屋のそこかしこに服を掛けて、どこから片づけていいのかわからないようだったら、それでは間に合いません。

スッキリとした片づく家をめざすなら、「1着買ったら、2、3着捨てる」そんな潔さと覚悟が必要です。もっといえば、「2、3着捨ててから、新しい服を1着買う」ことを意識しましょう。

処分しやすいのは、同じ色合い、似たデザインの服でしょう。

服が埋もれていて、見つからないから、同じような服を買っている——。

そんなケースも少なくありません。その場合もどちらかだけを残します。

着なくなった理由をよく考えて処分する

服があふれているのに、なかなか処分できない方は、その理由をはっきりさせていないからだと思います。ふんぎりをつけた方にお聞きしていくと、だいたい次のことに気づいて捨てていたようです。

・型、デザインが古くなった
・店員に薦められて買ったけど、似合わない気がする
・体形に合わなくなった
・手入れが大変
・着ていると疲れる
・今の暮らしに合わない
・飽きた　など

型やデザインが古びて、外出するときに、恥ずかしい、気後れするような思いがするよ

うなら、まず着ません。

店員に薦められて衝動買いしたものなら、しょせん好みじゃなかったのかもしれません。**似合わないものは、今後も着ない**でしょう。

体形や体重が変わり、戻らないかなとあきらめたら処分できます。

ふだん着なのに**アイロンがけが必要な服は、着る前から気が重く**なる。面倒なことをこれからもできるか、自問して、「できないな」と思ったら処分です。ピタッとして、着ていると疲れる服は処分。歳を重ねるごとに着やすさや着心地が大事になる。

子どもに手がかからなくなり、フルタイムの仕事を始めた方です。部屋着、ふだん着は多くは要らなくなったので、着心地の良いモノだけ残して処分。そうすると外出着に必要なスペースができました。

見るだけで飽き飽きする服を何で取っておくのでしょう。衣替えのたびに出し入れするだけなら、時間の無駄。**2、3年も出し入れして、1度も着ていないのなら処分**です。

このように着ない理由が明確なら、今後出番はないでしょう。また捨てた理由を覚えておけば、新しく買うとき、失敗しなくなります。

「これからも本当に着たい服か？」で判断する

これまでの話で捨てる服、捨てない服の境界線はだいたいわかってきたのではないでしょうか？　ここでは切り口を変えた判断基準として、過去、現在、未来を考えてみることを提案します。

過去になぜ買ったのか、今、着ているのか、将来も着る可能性はあるのかを考えて判断するということです。

まず過去、服を手に入れた経緯を考えます。

・どうしてもその日だけのために必要だった
・10年は着られる、と思って買った
・当時の流行だった
・プレゼントされた

最後の「プレゼントされた」以外は、着尽くしていれば、十分元を取ったと思い処分しても何の問題もないようですね。

プレゼントは想い出の品なので、処分しにくい面が……。これは前にも述べた、義理の有効期限中は持っていて、月日が流れたら整理していきます。
処分するときには、「今までありがとう」と感謝の気持ちを向けると、捨てるという罪悪感やマイナスイメージはなくなる気がします。

そして現在、着ているか、着られるかの判断基準を考えます。

・デザインは古びているか、いないか
・体形が変わっているか、いないか
・ライフスタイルが変わっているか、いないか
・年齢的に合う、合わない
・飽きたか、飽きていないか
・服の好みが変わったか、変わっていないか
・派手になった、地味になった
・シミの有無

要は今も着たい服か、着られる服かというのが判断基準になります。
私の経験では、まず年齢と共に窮屈になった服は着たくない。またデザインの好みが歳

を重ねて変わってきた。肌触りが悪いものは着たくない。そんな理由で着なくなった服をたくさん処分しました。

中には昔通りの体形で、今も昔の服が着られるという方もいます。デザインがシンプルなら長く着られてうらやましい限りです。

未来の判断基準については、要するに「着れる」ではなく、「これからも本当に着たいかどうか」ということ。服に限らず、モノを処分する際には、「過去、現在、未来」を考えると決断しやすくなることがあるのです。

ファッションセンスを磨けば、服は増えない

私が主宰する「ゆとり工房」では、年に数回、衣類の収納セミナーを開催しています。そこでは服の捨て方や、実際の入れ方やたたみ方を見て実践したり、出し入れが簡単になる収納用品の選び方、使い方などを教えています。

しかし、理想の収納になっても、服は増えやすい。そこで、少ない服で満足させるには技術があることに気づき、ファッションカラーの専門家を講師として招いたことがありま

した。

その講師が言うには着回しをするには、まず「自分に似合う服」を知ること。そのために重要な要素は服のデザインよりも、**自分に似合う色、好きな色の色味を知る**ことでした。たとえば赤と緑でも同じ色味が含まれていると合うのです。逆に同じ赤系なのに、赤に黄色味が入った色と、赤に青味が入った色は合わないことを知りました。見て実感です。理屈がわかると、上と下の服はいろいろ合わせられるので、少ない枚数でも間に合わせられることがわかります。色味は重要なんです。

クローゼットを開けて見渡すと、色味が統一されているか何となくわかります。飛び出て違う色は処分の対象の可能性があります。そうしたカラーコーディネイトのカルチャースクールなどに行き、技術を身につけるのも増やさないための秘訣だと思います。

何度かその講師にお会いしていたとき、「この服って、前回着たものと同じワンピースなのよ」と言われて、びっくりしたことが……。

気づかなかったのは、アクセサリーの使い方でした。とてもシンプルなワンピースに、大きな玉のネックレスをされていています。ネックレスが前と違うことには気づいていましたが、ワンピースが同じということには気づきませんでした。

ネックレスが目立っていたので、目線がそこにしか行っていなかったのです。目線をアクセサリーなどに向けさせればいいのです。

スカーフやストールも含め、アクセサリーで変化を加えると、がらりと印象が変わるということがわかって感動しました。場所を取らない**アクセサリーなどのバリエーションで印象が変わるなら、服を減らしても着回しは十分可能**なんですね。

カラーコーディネイターの講座に行くには、お金がかかるしという方は、自分が信頼できる店員さんがいるブティックに行くのがオススメです。

実際に合わせたい服を着て行きましょう。センスのいい店員さんと仲良くなれば、いろいろなアドバイスをしてくれるはず。そして服を買い、馴染みになれば、賢くセレクトしてくれたり、「以前買ったあの服にこのアウターや、このインナーを合わせるといいのでは」とか、的確なアドバイスがもらえたりするようになります。

服を減らしてもファッションセンスを磨くことで、オシャレや着回しは十分可能です。

カラー
コーディネイト
黄
赤
黒
青

ブティック式収納なら、3秒で取り出せる

薄手のセーターは、ハンガーに吊るしたままだとハンガーのあとが付いてしまいます。また厚手のセーターも袖が重く伸びてしまうので、たたんで収納する必要があります。これらの服は「整理ダンスなどの引き出しに入れるもの」と思っていませんか？実は、引き出しよりも棚が理想的なのです。引き出しは、着たい服を探すのに何度も開けたり、閉めたりする必要があったりします。

そこで私が採り入れたのは、ブティックなどで使われている棚収納です。棚の家具は扉を開けるというひとつの動作で、入っている服が見えます。ひと目ですべての服が見えると、選びやすい＝コーディネイトがラクにできるようになります。

ブティックでは、棚に色違いで服を重ねて、お客様が見やすく、そして取り出しやすい陳列になっていますよね。私はこれを住まいの衣類の収納に採り入れて、**「ブティック式収納」**として広めています。

ポイントは、たたんで重ねた服の上には、すぐ上の棚との間に10㎝ほどの空間をつくること。上に空間があれば、取り出したい服を簡単に取り出せます。

お目当ての服の上に手を深く入れて指を開き、そのまま持ち上げ、逆の手で着たい服を持ち上げるようにして取れば、下の服がずり落ちることはありません。

上に空間が必要なのは、フワッと持ち上げるためのゆとりです。

取り出したい服が選びやすく、3秒もあれば取り出せるので、いいことずくめです。

ハンガーに吊るせない、たたむ服は、棚を使ったブティック式収納で決まりです。

ハンガーパイプで吊るす場合はゆとりを

ハンガーパイプを使った吊るす収納でも、ブティックでのハンガー収納のようにゆとりを持たせたいものです。

お店ではお客様が取り出して試着しやすいように、吊るしているジャケット類の間隔に、ゆとりを持たせて陳列しています。

なので、戻すときもきちんと同じ位置に戻せます。

しかし住まいのクローゼットでは、ぎゅうぎゅうに詰めがちです。そこから着たい服のハンガーを取り出すのはひと苦労。

出さないと着られないので、頑張って取り出しますが、着た後に戻すとき、相当なストレスがかかると、鴨居などに掛けてしまいます。適量は重要ですね。

ブティックのようにゆとりがあれば、出し入れはとてもラク。

すぐに片づける気にもなります。**手で寄せれば10㎝くらいの空間ができる間隔**であればいいのです。

これくらいのゆとりがあれば、吊るしている服は、よじれることはなく、シワも付くことはありません。

コートや、スーツ類は前にもお伝えしましたが、約7～8㎝間隔で。

その他の服は3～5㎝ほどあれば、シワが付くことはありません。

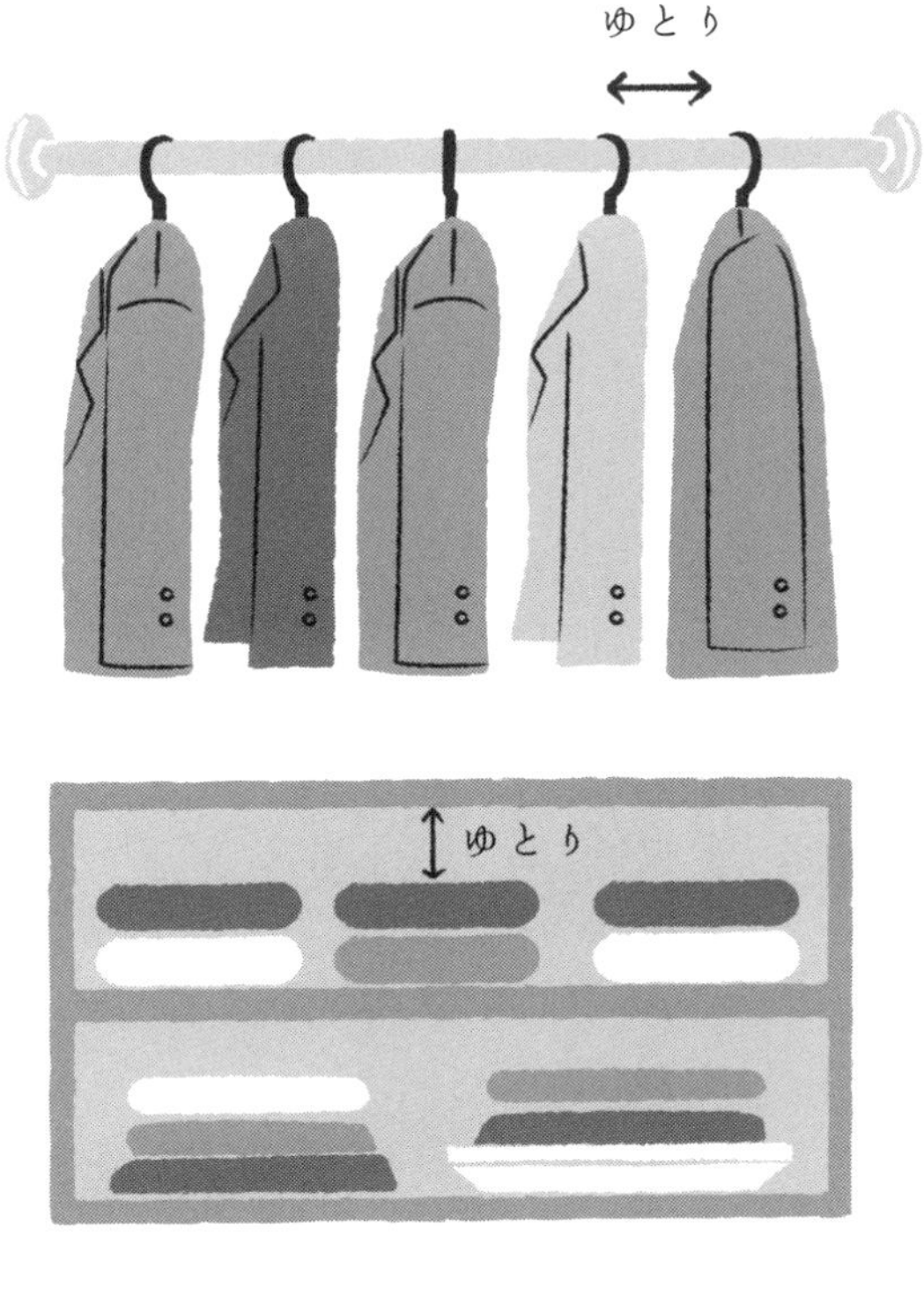

ブティック式収納

洗濯→乾燥→しまう、はその日のうちに

服を少なくするのに、洗濯から乾かし、しまうまでの流れが関係していることをご存じですか？

天気が悪かったり、忙しくて洗濯をサボったりしてしまうと、洗濯物が溜まってしまうことがあります。溜まるということは、下着などの枚数がたくさん必要になるということ。

少ない枚数、少ない収納スペースにするには、洗濯物は洗ったその日に乾かし、たたんで片づけるまでのシステムをつくるのが効果的です。

生乾きの洗濯物がその日のうちに乾かないから、足りないと思い、下着や靴下をたくさん買い込み、入りきれず、散らかるので、何が何でもその日のうちに乾燥させる仕組みをつくります。

乾燥させる手段として、次の3つがあります。

①衣類乾燥機、または衣類洗濯乾燥機で乾燥。

②浴室の乾燥機能付き換気扇で乾燥。乾燥機能付きではない場合、浴室の換気扇＋扇風機

の活用（下から扇風機で風を当て、湿気を含んだ空気を換気扇で吸い込ませると乾燥機能となる）でも乾きます。

③衣類乾燥除湿機を使う。これは、洗濯物に風を当てながら除湿するという家電です。意外なほど効果的。風向や強さなどを変えられるものなど意外に機種も多いです。

その他の方法として、あるお宅では、洗面脱衣室にポールを取り付け、そこに生乾きの洗濯物を干すようにしました。

また、マンションなどポールを取り付けるところがない場合、**「物干しワイヤー」**という商品もあります。ワイヤーが格納された箱と、それを受けるフックを両側の壁に取り付け、使うときだけ引っ張り出して干します。

通勤に時間がかかる、ある共働きのお宅で、その日のうちに乾かすとラクなことをお伝えすると、「そうだ、わが家は徹底的に、洗濯物はすべて浴室乾燥機で乾燥させることにしよう」と決めて、実践しました。

洗濯物を浴室から出しておくのは、学校から帰った子どもの仕事にしていました。

感想として「たたむ枚数が少ないので、たたむ気になるものですね。毎日の家事なので、本当にラクになりました」と。

実は洗濯物をたたむ時間って意外にかからないものです。計ってみたことがあるのですが、私の場合、2人分の取り込んだ衣類をたたんで、しまうまで8分でした。タイマーを使い、計ってみると意外とはかどりますよ。

やる気にならないのは、洗濯物の山が大きいからなのかもしれません。

それを見て「ああ面倒」と感じないようにするためにも、毎日洗濯して山を小さくしてみましょう。

ちなみに私の場合は、曇天でも外に干し、まだ生乾きの場合は浴室乾燥換気扇で乾燥させています。また、厚手で乾きにくいものは、すぐ着ない服であればあえて洗濯しないようにしています。

わが家は、乾燥させている間、シャワーなど使う人がいないので、それでいいのですが、たとえば、子どもが部活から帰ってきて中途半端な時間にシャワーを使うといった事情ならまた違う方法を考えなければなりません。

たかが衣類の収納と思いがちですが、実はこんなことにまで関係していました。それが収納の複雑さと難しさだったのです。

さらに付け足すと、ぎりぎりの必要枚数の場合、風邪をひいたときなど何枚も下着が要ると思います。その場合の困らない方法です。その分は、非常時用として別扱いします。もちろん日常使う場所に適量として入るならそこが理想ですが、入らない場合は別の場所に収納しておきます。

その日のうちに乾かすために、バスタオルなど、厚手で乾きにくいモノを薄手のモノに替えるという手もあります。

雨天のときには、衣類乾燥機という助っ人

実はかなり昔、テレビで海外の大家族（9人）が登場する番組がありました。今では何がテーマの番組だったか覚えていませんが、印象的だったのが、お母さんが朝の家事を短時間で終わらせていたこと。

山のような洗濯物を洗濯乾燥機で洗濯し、そのまま乾燥させて、手際よくその場でたたみ、各部屋に片づけて、ゆったりとティータイムを楽しんでいたのです。

その頃の私は子育てをしながらの家事で、ゆとりが持てていなかったので、どうしたらこんなふうにゆとりを持って、ティータイムの時間がつくれるのか、ただただうらやましく思うばかりでした。

収納を真剣に考え、収納の仕事を始めるようになって、「そうか、乾燥機と収納のあり方のおかげだったのだ」と気づきました。

家事のリズムが、天気に左右され、乱されることは洗濯だけではありません。片づけをシンプルにスムーズにするには、目先の洗濯物の入れ方やたたみ方だけでは、解決しないことがわかりました。

実際に〝賢い洗濯〟を実行している夫婦に出会いました。おふたりは職住接近で都内の1LDKの高級マンションにお住まい。かなり狭く収納スペースは限られています。

そのご夫婦は**お風呂から上がると衣類乾燥機から下着を取り出して、着替え**ていました。実に合理的です。

そのため下着の収納スペースはわずかで済むのです。

一方で料理にはしっかり時間をかけられている。そのメリハリが何とも小気味よくて、そのライフスタイルに感心したものです。

服が少なくなると、ファッションスタイルが決まる

服を減らすと、自分の好みがはっきりわかるようになり、着回しもラクになります。そうしていくうちに、自分のファッションスタイルの定番がわかってくるのでは。

何が似合って、何が似合わないか。そして自分らしいファッションとは何か。

実はオシャレな人ほど流行やトレンドに流されずに、自分のスタイルを確立しています。

服をいっぱい買う傾向のある人ほど、**「同じ服を着ていたら笑われる、毎日違う服を着なきゃ」**というプレッシャーを感じているような気がします。

他人の目よりも自分の満足を重視しましょう。

こう考えるのも判断基準の一つかと。

「この服、誰もいない無人島だったら着るかな」と。着るとしたら、本当に好きな服だと思います。

厳選し、残った服はマイベストアイテムです。自分のファッションスタイルがつくられることになります。

服が少なくなるということは、片づけやすくなるだけではなく、自分らしいファッションスタイルを決めやすくなる――。そんな気がします。

片づけ上手は、子どもにもいい影響を与える

家がスッキリと片づいて、居心地のいい家では、精神が安定します。逆にいつもぐちゃぐちゃで、片づいていない家では精神的に安定しない。それは大人も子どもも同じです。**精神が安定した子どもは、人の話にも耳を傾け、集中力もある**気がします。子どもといっても感じる感覚は、大人と何ら変わらないんですね。

子どもが小学校の低学年のうちは、子ども部屋があってもリビングで勉強することが多いようです。親も目が行き届き、勉強を見てやることもできます。

しかし、リビングやダイニングテーブルが片づいていなければ、勉強するスペースが確

保できず、すぐ始められません。このためリビングやダイニングも片づいた家であることが求められます。

すぐ始められるようになっても、食事の時間になれば、勉強道具をしまわなければなりません。そのためにも勉強道具を片づけるスペースを設けましょう。そうすると、片づける習慣が自然と身につくようになります。

たとえ、1歳の子でも思いのほか、いろいろなことができます。たとえば使ったティッシュは、ゴミ箱に「ポイしてね」と、お母さんが意識してやらせるようにすると、自然に捨てる習慣がつきます。

子どもにまずしつけるのは「おもちゃの片づけ」です。子どもの発達に合わせて、まずはザックリと片づけることを覚えさせます。

積み木を箱に戻す、ぬいぐるみやブロックはそれぞれのおもちゃ専用のかごやバスケットに戻す。絵本は本棚に置く。

最初は何度かお母さんが一緒にやるようにすれば、身につきやすくなります。

また、最初からきっちり入れさせなくてもOK。できた経験が重要です。こうして出して戻すこの習慣がつけば、次は絵本はタイトルが見えるように戻したほうが見つけやすいなど、使いやすく戻すことができるようになります。

「あった場所に戻す」「次に使いやすいように戻す」これが片づけです。これを身につけさせるには、**「片づけ＝戻し場所」をしっかりと用意**してあげなければなりません。

たとえば子どもが「ゴミ捨ててね」と言われても、ゴミ箱がないと捨てられないのと同様に、「戻す場所」がなければ戻せません。まずやるべきことは大人が、片づけ場所を用意すること。用意してやっと「しつけ」ができるのです。

お母さんが片づけを実践するようになると、子どもも変わります。子どもって大人をよく見ているんですね。

PART 4

いつでも、人を呼べる家がいい！

部屋スッキリ！
モノが片づくたった一つの法則

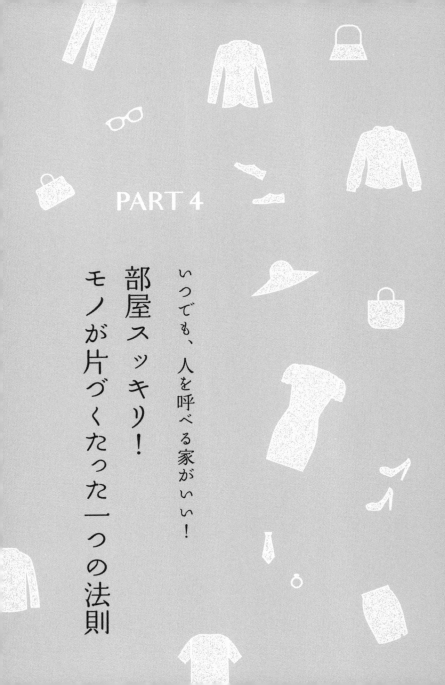

部屋が片づけば、人を呼べる家になる

服やモノを処分し、片づけやすくなることによって、実現したいこと。

自分や家族の暮らしが快適になることもそうですが、「いつでも人を呼べる家にしたい」という希望は多いようです。

つまりお呼びしたいのですが、その前準備として片づけなしでは、とても人を招ける状態ではないということなんですね。

中には多少散らかった状態でも、別に気にせず呼べる人もいますが、恥ずかしいと思う人は、しっかり片づいてから招待したいと考える。そういう感覚の人が、片づけたいと思うのです。

恥ずかしいと思う人の中には、本来キレイ好きで、モノを整理したり、片づけに幾度となくチャレンジしている人もいます。でも片づかない。それはその場しのぎで、キレイに見せるだけだからかもしれません。

その最大の原因はモノがあふれているから、というケースが少なくありません。収納スペースに入りきらないと、使うモノを使いたい場所に置けなくなる。
そうすると床に置きだしたり、適当なすき間を見つけて入れたりすることに。それが探し物にもつながり、すぐ人をお呼びすることも難しくなります。

これまで溜まってしまう服やモノの処分について、その原因や対処法をお話ししてきたのは、**服やモノの量を減らせば、使いたい場所に、着たい服や使いたいモノが、置ける**可能性が出てくるからです。

そうなれば出すのもラク、戻すのもラクになります。つまり、「片づけ」やすくなるので、スッキリした空間がキープしやすくなるのです。

モノの「指定席」をつくるだけでいい！

服やモノすべてに「置き場所」を決める必要があります。

人に帰る家があるように、**服やモノが収まる家＝モノの「指定席」**を設けておけば、どこにあるかがすぐわかり、使った後、戻すのもラクにできます。そうすると、いつも同じ場所に戻っているので、次に使うときも、探すことがなくなるのです。

モノの「指定席」という言い方は、私を整理収納の世界に目覚めさせてくださった、今は亡き生活評論家・町田貞子先生の発案です。決めた場所に入れる、ということをイメージしやすく表現されたものです。

すっかり収納の世界では、定着したのはうれしいですね。「定位置」とか「モノの住所」、「適在適所」という言い方もされていますが、これは「モノの指定席」と同じ意味です。


あなたの席はココ、と決めてあげるように、電池はココ、などすべてのモノに**「指定席を与える」、実はこれが片づけの極意**です。

捨てるのは、「指定席」を決めやすくするために必要なことだったのです。逆に言えば、**「指定席」を用意するスペースがあれば捨てる必要はありません。**

では、どうやって片づけやすい「指定席」を決めればいいのか？

その答えとして飯田式整理収納法を確立しました。

それはおいおいお伝えします。

「モノの指定席」をどこにするのかは、慎重に考える必要があります。服はもちろん、すべてのモノに良い指定席を設けるのですから、そうは簡単にいきません。

しかし難しく考えないでください。


まずは、「使いたい場所が、最適な置き場所」という考え方を基本にします。

「何か片づけにくいな」「面倒だな」と思ったら、置き場所が使う場所から遠い可能性があるので、変えればいいのです。

トライアンドエラーを繰り返して、片づけやすい「モノの指定席」をつくる。それが片づく家、片づく部屋をつくります。

私は収納のプロなので、トライアンドエラーを繰り返すことは許されませんが、自分の家なら、それも許されると思います。

しかし、そんな時間はもったいない、自分では難しいと思ったら、私たちプロを頼ってください。

プロはトライアンドエラーの無駄な時間をかけずに、片づく指定席を設けることができます。

「モノの指定席」の決め方の要素は２つ。
それは**「置き場所」**と**「入れ方」**です。

まずは「置き場所」を決めます。

鍋の取っ手の緩んだビスをときどき締めるためのドライバーなら、キッチンの引き出しにあるとすぐ使えます。基本的に、あまり歩かずに取り出せる場所に置きます。「使いたいところが最適な置き場所」という考え方です。

そして、「入れ方」。

引き出しに他の調理道具と一緒に、ぐしゃっと入れると、すぐ取れません。そこで長いものをスッキリ入れるトレーを用意して入れます。それが「入れ方」です。

指定席を決めるにはこの「置き場所」と「入れ方」の２つの要素があることを覚えてください。

また「置き場所」のことですが、ドライバーは、大工道具の場所にもあるし、キッチンにも必要と考えると、２カ所にあることになります。でもそれでいいんです。「モノの指定席」は１つのモノに１カ所と限る必要はありません。

ここが
指定席

使いたいところが、最適なモノの「指定席」

たとえば、アイロンがけの道具などは、戸建てなら階段下の収納スペース、マンションなら、廊下の物入れなどに置くことが多いようですが、アイロンをかけるのが、リビングであれば、リビングに置き場所をつくったほうがラクですね。出してすぐコンセントがあれば、気楽にアイロンがけができます。

今は吊るしたまま、蒸気をかけてシワを取るタイプのスチームアイロンを使う方が増えています。その場合は、吊るしてアイロンがけしやすい場所に置くことになります。

どこにあると便利か？　と考えると、置き場所が決まってきます。

掃除機も同様。掃除機をかける頻度はリビングやダイニングが多いはず。だからリビングに収納されていると便利です。すぐ掃除する気になれば、掃除の回数が増え、ホコリが舞うことが少なくなり、モノや棚にホコリがかぶりにくくなります。

基本的にはこのように、どこで使うかを考えて、モノの指定席を決めていきます。

私は**腕時計の指定席を洗面台、キッチンと2カ所**に設けています。

家に帰ったら洗面所、あるいはキッチンで手を洗うので、そのとき腕時計を外します。その2カ所に腕時計の「指定席」を決めておくと、探すことはありません。

フックに掛けられない金属のベルトの場合は、「入れ方」は吊るすではなく、トレーに置くことになると思います。

そのように置き場所は同じでも、モノによって収まり方も変わります。

ある几帳面な奥様が、毎日の新聞の置き場所を、リビングのソファわきのマガジンラックへと家族に宣言しました。しかし誰も新聞を戻してくれない。いつもリビングのテーブルだったり、ダイニングテーブルやソファの上だったり。彼女ははじめ、「誰も守らないわ」と怒っていましたが、あるとき気づくと自分もテーブルの上に置きっ放しに。

テレビ番組表をちょっと見て、テーブルの上に置く。また読むかもしれない新聞を、たとえ1、2歩でも歩いて、マガジンラックに戻すのは面倒なのです。

だったらこの場合、目くじら立てずにその日の新聞の置き場所は、テーブルとマガジンラックの2つと考えればいいのです。

またハサミもいろいろな場所で使います。新聞を古紙回収に出す際に、納戸でひもで束ねるときや、クローゼットに掛けておいた新しく買った洋服のタグを切るとき、リビングで手紙を開封するときなど。

その場合も、ハサミの指定席をそれぞれの場所に設けると、同じ位置に戻るので、次に使うときに困りません。

そもそも**片づけは、「次に使うときのため」**でもあるのです。

あなたが片づけられない9つの理由

使うときは必要なので、何とかモノを出しますが、戻せないのには、置き場所に注目すると、次のような9つの理由が考えられます。

①置き場所が遠い

モノの置き場所が使う場所から遠いと、戻しに行くのが面倒に。忙しくて時間に追われていると、元の置き場所に戻せず、つい適当な場所に置いて、行方不明になることも。

使う場所の近くに移動できないか検討します。

②置き場所が高すぎる、低すぎる

キッチンの吊り戸棚のように高いと、モノは見えていても、脚立が必要になるので面倒に。また床下収納もしゃがむ必要があるので億劫。ましてや、膝や腰を痛めているとなおさらです。高かったり低かったりすると、モノの出し入れがしにくくなります。

③モノは見えないと忘れる

棚の奥や納戸の中は、モノが見えにくいと「どこだっけ、この扉の中、あの棚の上？」と考えるのは面倒。あまり使わないモノはあることすら忘れそうです。見えないのは、モノがないのと同じと考えたほうが賢明。たとえば天井近くの吊り戸棚にモノがあっても下から見えにくいですね。その場合、奥のスペースを空けておいても、棚のギリギリ手前に置きます。そうすると扉を開けたとき、すぐ見え、あることを確認できます。

④置き場所が狭苦しい

ロフトや階段下収納など、狭苦しい、取り出しにくい場所にあると取り出すのが億劫になります。余計なモノを減らすと閉塞感がなくなる可能性があります。

⑤モノが大きい、重い

大きいモノ、重いモノを運ぶのに多大なエネルギーが必要。片づけるどころか、出すのも一苦労。しまいっ放しになりがちです。使うことが多いのでしたら、キャスターを付けた台に載せるなどを考えます。

⑥置き場所が暗い

階段下やロフト、押し入れの奥など日中でも薄暗い場所は見えにくく、懐中電灯が必要なので億劫に。こうした場所では気力と視力も必要です。

その対策としては、まずは奥も明るくなるようにします。その中にコンセントがないことが多いので、その場合はコンセント不要のライトを使います。いろいろなタイプがあるので、場所に合わせて選び取り付けます。面倒、億劫になる原因を知ること、そして実際にそれを解消するために動くことが大切ですね。

⑦置き場所が寒い・暑い

真冬などアイロンを寒い場所から出し、使用後、元に戻すのは億劫に。明日も使うから、と置きっ放しにしたくなります。

また真夏の暑さの中、洗濯物を取り込み、たたむ場所にエアコンがないとやる気がしなくなり、後回しに。億劫さの原因が温度にあることは意外に多いものです。そうとわかれば、大風呂敷などに取り込んだ洗濯物をまとめ、快適な部屋に移動してたたむことを考えましょう。

⑧置き場所が臭う

階段下や押し入れなど湿気が溜まりやすい場所は、かび臭くなりがちです。防虫剤などの強烈な臭いがする場所も不快。嫌な臭いがする場所には行きたくなくなるものです。湿気の場合は不在のときは開けて乾燥させる、それが無理なら他の場所に入れるなど対処します。

あるお宅では、唯一そこしか入れるスペースがなかったので、工事をして、床や壁に湿気がこもらないようにしました。

⑨耳障りな音がする

収納場所の扉を開けるたびに「ギギーッ」と嫌な音がしたり、引き出しが「ギシギシ」いって開け閉めしにくいのはストレス。不快な音は片づける意欲を削ぐこともあるので、油を差すとか建具を直すなどして問題を解消します。

一見ささいなことのように思える9つの理由ですが、片づけしにくくなる要因としては十分です。

片づけたくない理由を分析して、出し入れしやすい環境をつくりましょう。

「整理」「収納」「片づけ」の違い、わかりますか？

今まで、「片づけ」という言葉を何度も使ってきましたが、それは「出したモノを元の位置に戻す」という意味で使っています。

この部屋を「片づけてください」と言われたら何をしますか？

多分、要らないものを捨てたり、掃除したり、こちらのものをあちらに移動したり、出しっ放しになっているものを元にあった場所に戻したり、箱に入れたりなど、いくつかの行動を起こすと思います。

でも、いくつものことを手当たり次第やっても、なかなかゴールにはたどり着けません。ゴールとは、持ち物全てのモノが、使った後すぐ元の位置に戻せる状態になることです。

「整理」「収納」「片づけ」――。

これらの言葉をどれも同じような意味だと思っている人は多いのでは？

辞書でも同じように位置づけている記述も多いので、無理ないことかもしれません。実はこれらの言葉の意味を一緒にしているので、どこから手を付けたらいいかわからない人が多いのだと気づきました。

そこで私は、これらの意味の違いを明確化し、意味を定義付けました。辞書とは異なるので飯田式定義としています。

まず**「整理」とは、必要なモノ、不要なモノの線引きを行うこと。**本当に必要なモノかを見極めて、不要なモノを処分する作業です。

次に**「収納」とは、モノそれぞれに指定席を与えること。**「雑誌は1段目の棚」、「耳かきはここ」というように、使われる出番を待つ場所が「モノの指定席」です。出しやすく戻しやすいことがポイント。

そして**「片づけ」とは、使ったあとに、指定席に戻すこと。**もし戻すのが「面倒だなあ」と感じた場合は、モノの指定席の位置や入れ物の形、詰め込みすぎていないかを再確認する必要があります。

「整理」「収納」「片づけ」の3つの関係性を整理すると、つまり不要品を処分する「整理」をしてから、モノの指定席を決めて収める「収納」をする。それを維持するために、使ったら戻す「片づけ」を繰り返し実行する、ということになります。

「整理」と「収納」は最初の一度だけでいいのです。

「片づけ」は出して使うたびに行います。それがラクにできるように、「整理」と「収納」を頑張るのです。そのことを、30年前に発見し、ステップ化してみました。

左ページの「モノが片づく5つのステップ」です。

＼一生使う／

～飯田久恵の「モノが片づく5つのステップ」～

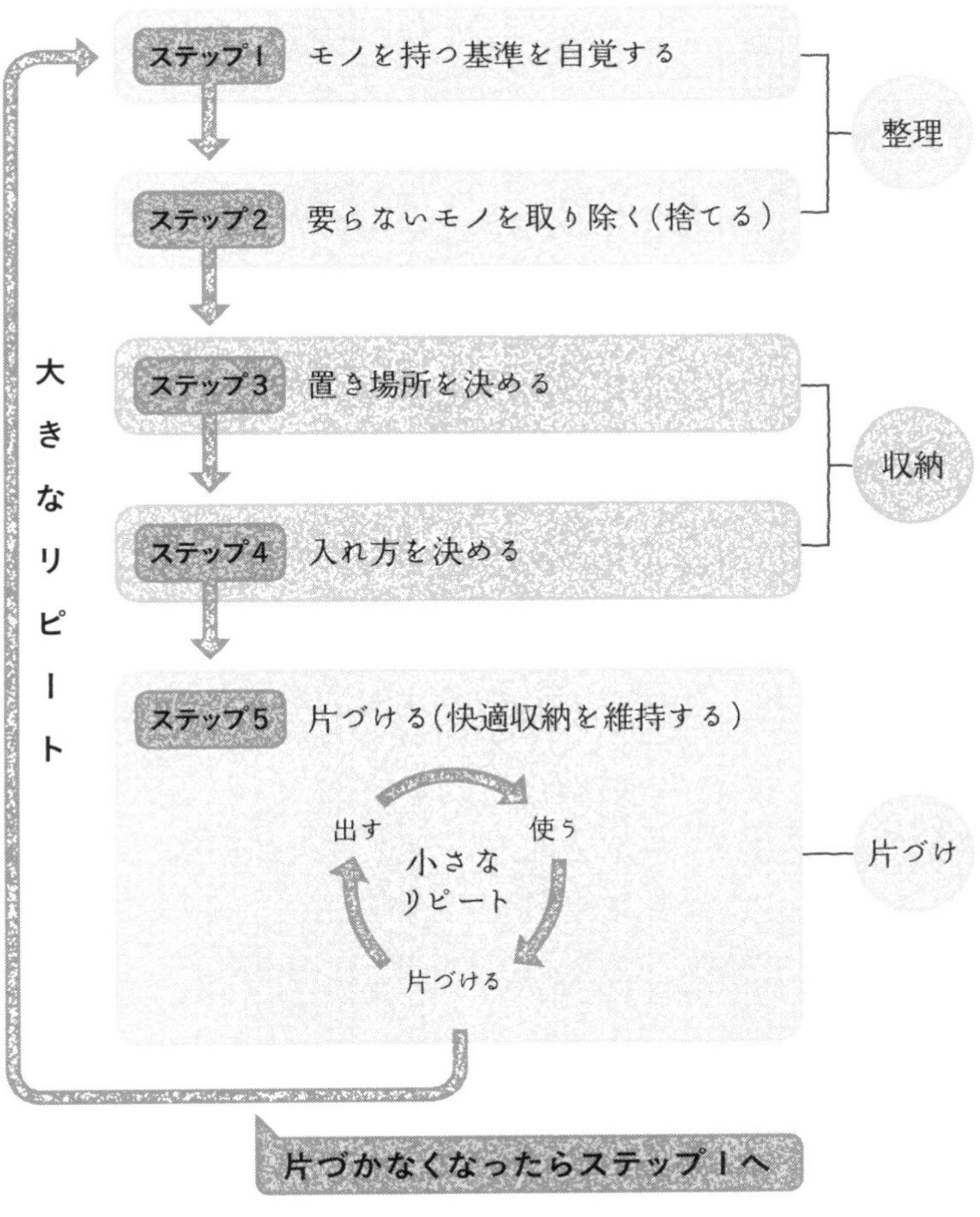

ステップ1と2は整理、つまり最初に要らないものを減らし、ステップ3と4で「指定席」をつくります。

前にもお伝えしたように、先に荷物を軽くしておけば、進みやすいですよね。

ステップ4までできたら、あとは使うたびに「指定席」に戻すだけでいいんです。

ステップ1～4の実行は結構、つらいし大変。

でもそれは、最初の一度だけ。そのあとには「ラクに片づく」が約束されます。努力は報われます。

しかし、今の生活が変わらなければ最初の一度だけでいいのですが、未来で暮らしが変わったら、片づけられなくなるかもしれません。

「え～っ」と思うでしょうが、でも仕方がない。

たとえば、子どもができたら、ベビーベッドや赤ちゃんのモノを置くために、モノを減らし（ステップ1と2）、大人のモノの置き場所（ステップ3）を変えなければなりません。

このように生活や暮らしが変わると、子育ての新しいモノが必要になる。その代わり時間が取れずにやめた趣味の道具などの置き場所も変える必要がでてきます。

そこでP135の図をご覧ください。ステップ5から一気に大きな矢印がステップ1につながっていますね、それが、暮らしの変化に合わせて見直すための矢印です。

つまり、出したら片づけるという**小さなリピート**と、生活が変わって持ち物などが変わったら実行する**大きなリピート**の組み合わせを、私は整理収納としています。

この仕組みを理解していただき、見直しを怠らなければ、あなたは一生片づかないという悩みを持たずに済みます。

各ステップの詳しいお話は、PART5で説明します。

ほかにも関連する言葉に**「掃除」**と**「インテリア」**もあります。

「掃除」は汚れやホコリを定期的に取り除いて、部屋を清潔に保つ行為です。

「インテリア」は室内の演出、部屋の雰囲気づくりを楽しみ飾ることです。アジア風にするためにファブリック類を替えたり、北欧風にするために、北欧家具を採り入れたりして、部屋の雰囲気を統一することです。このように分けると、収納と掃除やインテリアは別物ということがはっきりすると思います。

「整理」「収納」を一度頑張って、常に「片づけ」を実行していれば、モノが散らからないので「掃除」はしやすく、短時間で終えることができます。掃除だけではありません。**「家事全般」も短縮でき、探し物の時間もなくなります。持ち物も把握できるので、同じものを2度買うような無駄遣いもなくなる。**モノが増えずにお金が貯まります。

またインテリアにも興味が出てきます。

ある方は、部屋の片隅に提灯を飾っていましたが、だんだん部屋がスッキリしていくと、「あの提灯、ヘン」と感じるようになり、下ろしました。

そして壁がスッキリしたので、絵画を飾る気になりました。

部屋が快適になると気分がよくなり、前向きな気持ちになります。それは充実した毎日につながります。

出しっ放しにする場所の近くに、指定席をつくる

モノを出しっ放しにして、散らかるのは、「モノの指定席」の場所が遠すぎるか、元々「モ

ノの指定席」がないかのどちらか。

だったら出しっ放しにする場所のそばに「モノの指定席」を設ければいい。

たとえば、ダイニングテーブルやリビングテーブルの上に、書類や郵便物、新聞、子どものノートやサプリメント類が散乱して、どうにかしたいというご相談をよくいただきます。それは、ずばりテーブルの上は、置きやすい高さだから。テーブルは広いので、ちょっと片隅に置いておくだけなら、邪魔にならないと思ってしまうんです。

でもそれが積もり積もってしまうと、食事のときなどに、いちいちどかさないといけないので、ストレスになる。

解決策としては、**本箱のような棚をテーブルの近くに置いて、避難させる場所を「モノの指定席」**としてつくる。そうすれば食事のときや、テーブルの上をスッキリさせたいときにすぐに移動できます。テーブルの近くなので、食事を終えて、見たくなったり、取り出したくなったら、手を伸ばせば届きます。

モノを出しっ放しにしてしまうことを悲観せず、出しっ放しにしてしまう場所こそ改善すべき「モノの指定席」と、ヒントとして捉えればいいのです。

ダイニングテーブルそばの棚は使える

いろいろ置いてしまう場所を「指定席」というお話をしましたが、その例がダイニングテーブルのそばの棚でした。

ダイニングテーブルでは新聞や雑誌、本を読む、パソコンを使う、書類に目を通す、子どもは宿題など、皆、いろいろなことをするので、それらが溜まりやすくなる。その解決策が、テーブルのそばに棚を置くということ。

その棚を**「ダイニングテーブルサイド棚」**と呼ぶことにしています。

その棚に、テーブルにあるものを何でも入れるとすぐいっぱいになります。そこで、エリアを決めます。

いわば学校などで使っているロッカーの役割。床にランドセルを置いたり、友だちのロッカーに自分のバッグを入れたりはしませんね。それは自分のロッカーがあるから。

ダイニングでも、自分用の場所を決める必要がある。

たとえば1段目はお父さん用、2段目はお母さん用、3段目は子ども用などとスペースを決めれば、管理しやすくなります。

リビングには、暮らしの道具を入れる棚を

他にもリビングで置きっ放しになりがちなモノがあります。それは、家族がリビングで使う常備薬類、コード、荷造り用品、紙類、裁縫道具など雑多な生活道具です。

それらをリビングで使うにもかかわらず、置き場所は、廊下の物入れや納戸など、リビングから離れている場所に置いてあることが多いから散らかるのです。

使うときは、必要なので持ってきますが、使い終わったらもう用はありません。うっかりするとそのまま置きっ放しになる——それが、リビングが散らかりやすい理由です。

新築やリフォームの際、そのことを知っていればリビングに物入れを確保したり、窓ばかり大きくしないで家具を置く壁面を残すこともできますが、気が付かないことが多いもの。もしもこれから新築やリフォームをお考えの場合、**リビングにまとまった収納を！**ということを忘れないようにしましょう。ただし、家族が皆マメで、離れていてもきちんと戻せるなら、そのようなことを考えなくても大丈夫です。

わが家は、十数年前に購入した集合住宅ですが、偶然、リビング・ダイニングに造り付

けの物入れがあり、ここにみんなが使う生活の道具を入れ、「暮らしの道具棚」として重宝しています。高さ185㎝、幅150㎝、奥行き60㎝という大きさなので、必要な生活道具一式が入るスペースです。この収納に関しての詳しい使い方はP189～193でお話しします。最初からリビングに、そのような収納が設けられているのは珍しいと思います。その収納のおかげで、たとえ、出しっ放しにしていても、片づけようと動き出したら、ものの数分で片づいてしまいます。**使いたい場所に、使いたいモノがある**からです。

その便利さと必要性を感じたので、それをセミナーでお伝えしたり、住宅メーカーの収納コンサルタントをしていますが、そこでも設計上、設ける方向でアドバイスしています。

もしもあなたの住まいに、そのような収納があるといいなあ、と思われたら、そのための家具を用意することを考えてください。でも、もう置き場所がない、ということも少なくないでしょう。その場合は、もしも背の低い家具があれば、それを背の高い家具に替えるなどして収納場所を確保します。方法はその住まいそれぞれです。

ここでおさらいです。リビング・ダイニングをいつもスッキリさせるには「ダイニングテーブルサイド棚」と、「暮らしの道具棚」の2つ収納を設けることが有効です。

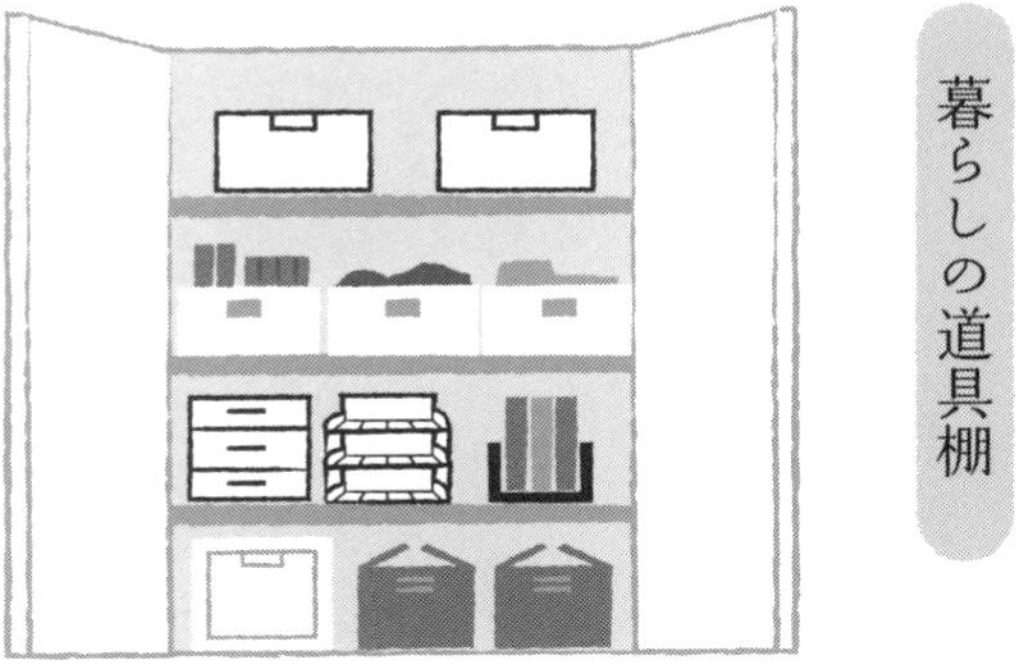
暮らしの道具棚

ダイニングテーブルサイド棚
お父さん
お母さん
子ども
家族の共有スペース

収納の基本は、「吊るす」「置く」「並べる」

皆さんは収納の仕方にはいろいろな方法があると思っていませんか?
実は収納は基本的に「(ハンガーパイプ&フックに)吊るす」「(棚に)置く」「(引き出しに)並べる」という3つの方法しかありません。
服を例にするとよくわかります。クローゼットのハンガーパイプに吊るす。たたんだ服は棚に置く。下着や靴下は引き出しに並べる。まさに「吊るす」「棚に置く」「並べる」の3つです。

服は、ハンガーに「吊るす」のが、見やすく取り出しやすいのでラクです。でもハンガーパイプの長さが足りなくて吊るしきれなかったものは、たたんで「棚」に置きます。コートやジャケットの他に衣類関連で吊るしていいのは、ネクタイやスカーフ、ベルト類。ネクタイはシワが伸びるのでオススメ。ネクタイやスカーフ、ベルトは専用のハンガーもあります。

前にもお伝えしたように、たたんだ服は引き出し(整理ダンスやプラスチック引き出しなど）にと思いますが、引き出しは、何度も開け閉めしなければ着たい服が見つからないのでオススメしません。その点、**棚は、扉を開けただけですべてを見渡せます。**

では、何をどの入れ方にすればいいのか例を挙げてみましょう。

下着やソックス、ハンカチは浅い引き出しの中に仕切りを入れて「並べる」とスッキリと収まり、使いたいモノをすぐ出せます。指輪やブレスレット、イヤリングなどのアクセサリー小物も、より浅い引き出しに並べるのがオススメです。

ただし**引き出しは3段までに。**４段以上になると記憶があいまいになって、開け閉めを増やして探すことになりかねません。

では、バッグ類はどうでしょう。自立するバッグは棚に置きます。やわらかいトートバッグのような立ちにくいものは吊るします。

コートやジャケットは、「セカンド指定席」も役に立つ

クローゼットや洋服ダンスは最終的な「服の指定席」ですが、「セカンド指定席（一時

置き的な席)」として、玄関やリビングの入口付近にコートハンガースタンド、ドアフックがあると便利ですね。疲れて帰宅したときに、椅子やソファの背もたれにジャケットを掛けたことって誰にも覚えがあるはず。クローゼットまで片づけに行くよりもずっとラクだからです。

またクローゼットに戻す動作は、「扉を開ける」「ハンガーを出す」「上着をハンガーに掛ける」「ハンガーをパイプに戻す」「扉を閉める」で5つの動作。スラックスやスカートの場合は両手を使うので、もっと動作が増えますね。

そんなとき**キャスター付きのハンガーラックは便利。**前にモノの指定席は何カ所もあっていいとお話ししました。

衣類も同じ。2階のクローゼットが指定席であっても、面倒なら、1階に「もう一つの服の指定席」を設ければいい。雨や雪に降られたときや、焼き肉屋などで会食して衣類に臭いがついたときにも役立ちます。

最近では「見える収納」を意識し、デザイン性に優れたハンガースタンドもあります。

玄関やリビングの入口に
一時収納

PART 5

ずぼらな人でも、みるみるキレイ！

もう二度と散らからない「片づけ力」を身につける

大切なのは、「しまうため」ではなく「使うため」

片づけ上手な人は「次に使いやすく」と考え、モノがどこにあるか、わかりやすく、出しやすい指定席を決めて片づけます。

しかし片づけ下手な人は、入れることばかり意識して、取り出しやすさは二の次です。「とりあえず」と手近なところに置いたり、適当にしまいこんだりしてしまう……。

知り合いのC子さんは、大のバッグ好き。さまざまな形状のバッグをたくさん持っていて、バッグを買うのがやめられないバッグフェチ。そんな女性ですから、買うときいちいち、「バッグの置き場所があったかしら」なんて考えません。

結局、溜まりに溜まったバッグは置き場所がなくなり、とりあえず、大きなバッグの中に小さなバッグをマトリョーシカのようにしまう、入れ子状態の収納に。

実はこれは一番やってはいけないモノのしまいかた。C子さんのような大量のバッグ持ちでは、こうして当然、死蔵品が増えてしまいます。

これが、**次に使うことを考えずに収納する、片づけ下手な人の典型パターン**ですね。

片づけ上手な人は、クローゼット内にバッグを立てて並べたり、ハンガーパイプにフックをつけて吊るしたりします。

それなら服に合わせてバッグを選べるし、すぐ取り出せます。選びやすく、出し入れがラクになると、増やさないほうがいいということもわかり、バッグの衝動買いを控えるようになります。

どれくらいが適量かを本棚にたとえて説明しましょう。

まず**理想は本のすべての背表紙が見えて、一列に並んでいる**こと。見渡せば、欲しい本がすぐに取り出せます。もっと増えたら、本の上部の空間に横にすれば入ります。キレイではないけれど、本のタイトルが見えれば、すぐ取れるという目的は満たしていますます。これまでが適量だと思います。

本棚に奥行きがあれば、本を前後2列に並べて入れることもできます。

しかし、これはオススメできません。奥の本のタイトルが見えなくなり、探す手間がかかり、取り出しにくくなります。

これは、まさに入れるための収納です（奥の本が本というより想い出と化しているのでしたら、それでも構いません）。また、減らせないのでしたら、手前が空いている場合、前に並べる本を横にして、奥の本のタイトルが見える程度に収めるやり方も。ここまでならギリギリセーフです。しかしそれ以上に本が増えたら、奥の本のタイトルは見えなくなり、いよいよ限界に。そうなったら本棚を増やさない限り、本は床に置くしかありません。

本の持ち主である本人はよくても、他の家族にとっては迷惑です。

前にもお話しした、見え方に対する感覚、「整然感覚」は人によって違うので気を付けましょう。

つまり多く持てば持つほど、早くてラクな出し入れ（よい収納・片づけ）からは遠ざかってゆくことになります。本は、形が一定のサイズなので、本棚という収納家具があり、収納の限界がわかりやすいのですが、家にはさまざまな形状のモノがあるので、適量がわかりにくいかもしれません。

でもモノに適した**「モノの指定席」を決めて収めると、「しまう」から「使うため」**ということが実感でき、むやみに増やさなくなります。

本　棚

「5つのステップ」でモノがキレイに片づく

いろいろな本や、テレビなど見て片づけを実行――、そのときは片づいたような気がするけれど、使っているうちに使い勝手が悪くなって、次第に満足できない状態に戻ってしまう、そんな経験はありませんか？

私は、**「どうすればやり直すことがない収納にすることができるのだろう？」**と考えました。考えを集中させるため、図書館にこもり、前職の電子計算機のプログラミングの仕事や、システムキッチン・収納家具の設計の仕事、自分が住んだいろいろな家のこと、暮らしの経験から導き出したのが、前出P135の整理、収納、片づけの手順「モノが片づく5つのステップ」です。

あれから約30年――。不都合やさらにいいアイデアやメソッドが生まれたら、修正を加えていくつもりでしたが、どう考えてもこれ以上の方法が見つかりません。実生活や他の住まい、またオフィスの収納カウンセリングの中で実践すればするほど、この考え方が、収納（指定席をつくって維持する）のベースだという確信を持たざるを得ません。

では、それぞれのステップを詳しく見ていきましょう（とくにステップ1、2はこれまでのモノの捨て方、処分の仕方についてのおさらいとして再確認してくださいね）。

〈ステップ1〉それって必要？（モノを持つ基準を自覚する）

モノを片づけるスペースには、どうしたって限りがあるもの。入りきらなければ、減らすしかない、単純なことです。でもそれが、なかなか難しいんですよね。よくわかります。

そこで考えるといいのが、モノを持つ基準をふりかえること。

今後も暮らしていく上で、「それって必要？」と自分に問いかけてみてください。

たとえばあふれるキッチンツール……。

トングをつまむものに合わせて、シリコン製、木製、パスタ用など数本持っている方がいました。でも、よく見ると1本で間に合うようです。どのような料理をするかを考えると、この道具がいくつあればいいのかなどの判断ができます。

たとえば、パスタ用に買った寸胴鍋。3分の2くらいの直径の鍋でもパスタをゆでられる。揚げ物もそれ用のバットがなくても間に合うんじゃない。私はガス台のグリルを引き出し、キッチンペーパーを敷いて、そこに揚がったものを置いています。

過去・現在・未来に焦点を当て、過去＝手に入れたプロセス（引っ越し祝いにもらった鍋とか）、現在＝今の料理のパターン、未来＝今後これからどんな料理をするか、などをイメージするのも判断の基準ですね。

誰でも、使わなくなったけど、愛着があって捨てられないモノはあるもの。それを即断する必要はありません。愛着があったモノを一瞬で判断して、捨てられる人はまれですから。**「これって、いつ使うかなあ、どこに置こうかなあ」**と考え、何度か見ているうちに、「もういいかな」と手放せるときがくるものです。

即断できないものは、時間をかけてもいいのです。

いただきモノで、たとえ高価な時計であったとしても、好みや価値を感じなければ、一応感謝の気持ちを込めて、手放しましょう。心が軽くなります。

まずモノを持つ価値基準を考えたり、意識したりすることがステップ1です。

もういいかな…

〈ステップ2〉 要らないモノを処分（不要品を取り除く）

ステップ1は要らないモノの判断基準のもと、捨てる決断です。ステップ2は実際、要らないモノを取り除く作業です。そのポイントはＰＡＲＴ1、ＰＡＲＴ2でもお伝えしていますが、確認を兼ねてもう一度お伝えします。

①作業時間は15分

時間を区切れば、手を付けやすくなります。毎日、少しずつ。15分程度なら労力もそれほどかからないし。気力が続けば、もう15分やろうでいいと思います。

②場所を限定する

クローゼット内の服を全部とか、キッチンを1日でやってしまおうとは思わないこと。衣類なら今回はこの引き出しの1段目、明日は2段目。キッチンだったら今日はシンク下、明日はレンジ下とか。コツは飛び飛びの場所をやらないこと。どこまでやったかわからなくなり、達成感がなくなるので、時間と労力を考えて場所を限定してやります。

③全部のモノを出さない

一般のご家庭で、モノを全部出してしまったら、元に戻すのに手間がかかり、散らかって日々の暮らしにも支障が……。入っているままの状態から「間引き」で行うのがコツ。

④スペースが空いても次のステップに移らない

不要なモノを取り除くと、スペースが生まれます。そうすると「ここに何入れようかな?」とつい考えてしまいます。この段階では不要品を取り除くだけ、と自分に言い聞かせましょう。置き場所を考えるのは次のステップから。

またステップ2を始める前には、自治体の分別ルールに合わせ、「ゴミ袋(可燃・不燃・危険物・資源ゴミ)」と「リサイクル用の箱」、「熟成箱」を用意。

不要品はゴミ袋へ、不要品だけどバザーやフリーマーケット、リサイクルショップに回せるものはリサイクル用の箱へ、捨てるのに迷ったものは「熟成箱」に。

不要なモノが取り除け、モノの減量化に成功し、一定の空間ができると、達成感がステップ2の段階で味わえます。よく45ℓ袋を10個出したのに、部屋はとくに減った実感がない、という方は少なくありません。

でも悲観しないでください。確実にモノは減っていますから!

ゴミ？
フリマで売る？

〈ステップ3〉 モノの置き場所を決める

必要なものが手元に残ったら、「これはどこで使うのかな?」と考えます。

たとえば、スーパーの買い物用のかごやエコバッグが、いつもキッチンの床にあって邪魔だったら、その置き場所を考えます。スーパーに必ず車で行くとしたら、車内に入れる。回覧板は、見たら玄関へ。そうすれば回すのを忘れません。宅配の荷物を開けるのは、玄関がいいかな、と思えば玄関にカッターナイフやハサミを置きます。

要は、使いたい場所が最適な置き場所！ なのです。前に、リビングで使うもの（暮しの道具など）はリビングに、とお話ししましたが、使うものが全部入らない場合、意識したいのが「使用頻度」。使用頻度が高いものを優先し、使う場所に。低くなるにつれて、廊下収納、玄関近くの納戸と、離れた場所に置くことになります。

使用頻度が高いモノほど使う場所のより近くに、使用頻度が低いモノは、使う場所から遠くに置いてもいい。そんな考え方で、「モノの指定席」をつくります。

これを一度しっかり決めると、あっという間に片づけられるようになります。

「モノの指定席」のポイントは、「歩数」が少なくて済む場所と考えるといいですね。たとえばキッチンのシンク下には、水がらみの鍋、ボウル、ざるなどを置くと、1歩も歩くことなく、これらが取り出せ、調理ができます。つまり0歩です。これがもし、レンジ下にしまっていたら、いちいち数歩移動しなければなりません。「たった2、3歩なんて、たいしたことないんじゃない？」なんて思ったりしていませんか。片道2、3歩でも往復なら4〜6歩です。それが毎日、毎回となれば、家事をする上では、結構なストレスと無駄な時間がかかるのです。

ある方は、掃除機をリビングから離れた玄関近くの納戸に入れて不自由されていました。でも伺うと、ちゃんとリビング近くに物入れがあります。彼女がそこに収納していなかったのは、物入れが満杯なので、「ここに入れよう」という発想がなく、「置ける空スペースはどこかな」としか考えていなかったからです。

「使いたいところが最適な置き場所」という考え方をお伝えし、物入れと納戸の中身を減らしたり交換したりすることで、掃除機を物入れに収納することができました。**実は気づいていないことが多いのですが、収納でとても重要なのは「置き場所」なのです。**

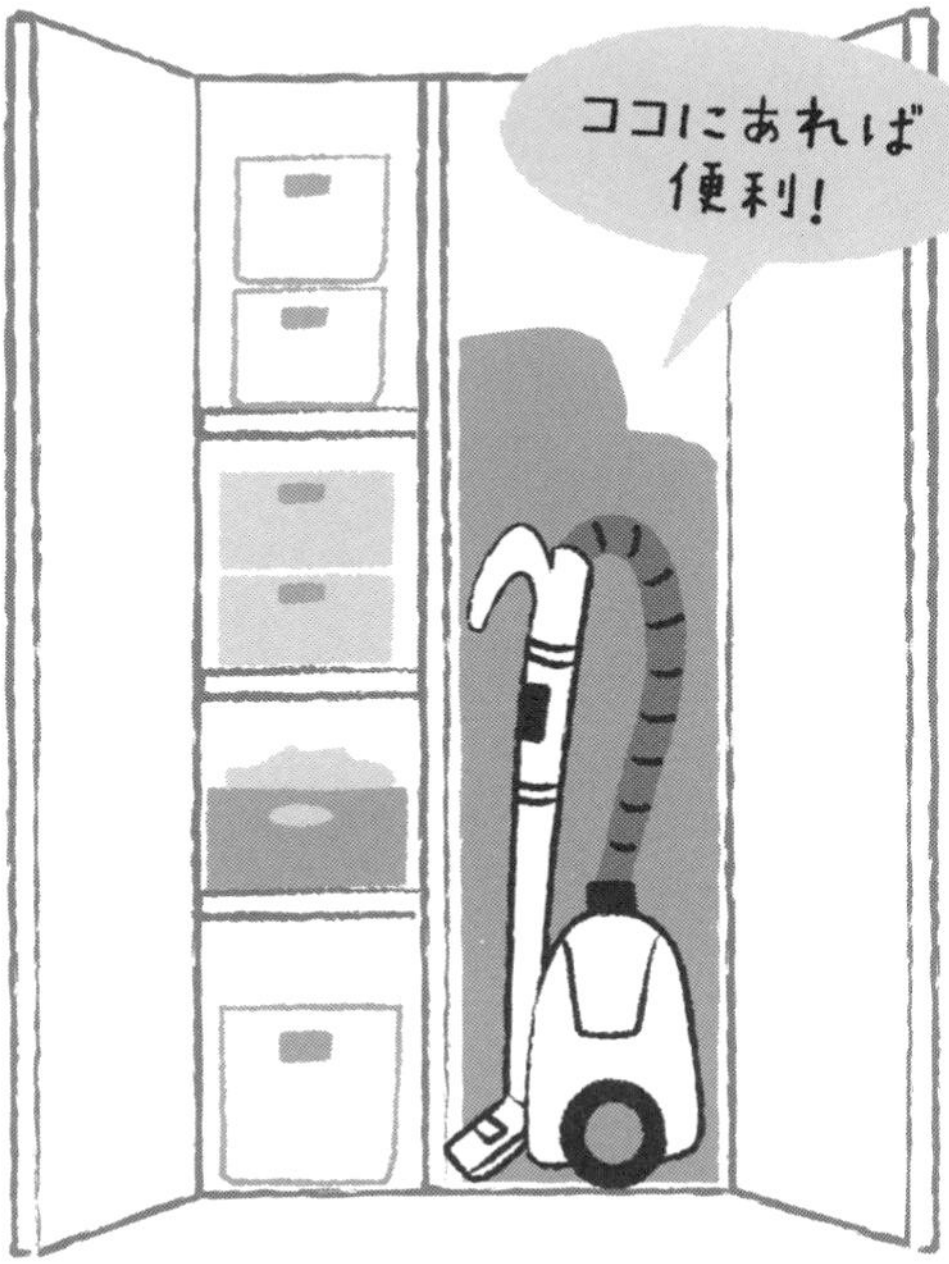
ココにあれば
便利!

〈ステップ4〉 モノの入れ方を決める

「モノの置き場所＝モノの指定席」が決まったら、どんな入れ物（入れ方）にすればいいのか考えます。ポイントは「ラクに出し入れ」ができること。必要なときにサッと出して、使ってまたサッと片づけられること。**「ラクに」というのは、使うモノを手にするまでの「アクション数（動作の数）」が少ない**ということです。

ステップ3では、「歩数」が少なくて済む場所が「良い置き場所」と言いましたが、実は片づけやすくするには、出し入れの手間数「アクション数」が少ないことも重要。よくあるのがクローゼットで深いプラスチックの引き出しに服を重ねて入れているケース。

その中の服を選んで出すには、「扉を開ける」「引き出しを引く」「重なっている何枚かの服を、めくって探す」。結構な手間数。それに比べ、棚にブティックのように収納すれば、扉を一度開くだけで着たい服がすぐ選べる。手間数が少ない入れ方を選ぶのがコツ。

また、たとえばキッチンの粉の調味料入れですが、両手を使うふたを回して開けるタイプと片手でパカッとふたを開けるタイプがあります。もちろん後者のほうが、簡単に開けられますよね。入れ方や入れ物は、このようにいかに少ない手間数＝アクション数で出し入れするかを意識して決めます。

下着や靴下、ハンカチなどは、深すぎない引き出しに入れます。重ねずに種類別に分けて仕切れば、上からひと目でわかります。その際、折り山を上に向けることがコツです。よくタオルや衣類を丸めて立たせて列に並べますが、その必要はありません。丸めるとシワがつき、立てた場所にすき間ができるとパラッとほどけ乱れます。雑誌などで丸めて入れるのをよく見るので、それが正しいと思われがちですが、かえって手間がかかるやり方だと思うので、お勧めしません。また引き出しの家具の高さは、人の胸の高さまでが目安です。この高さまでなら、見やすく取り出しやすいですよ。

とにかくよい入れ方は、**①出し入れの手間＝アクション数が少ない、②出しても他のモノを乱さない、**それを満たしながら**③収納量が多い、④美しく見える、**だと思います。

衣類としては、前述の３つの入れ方「吊るす」「棚に置く」「引き出しに並べる」になります。

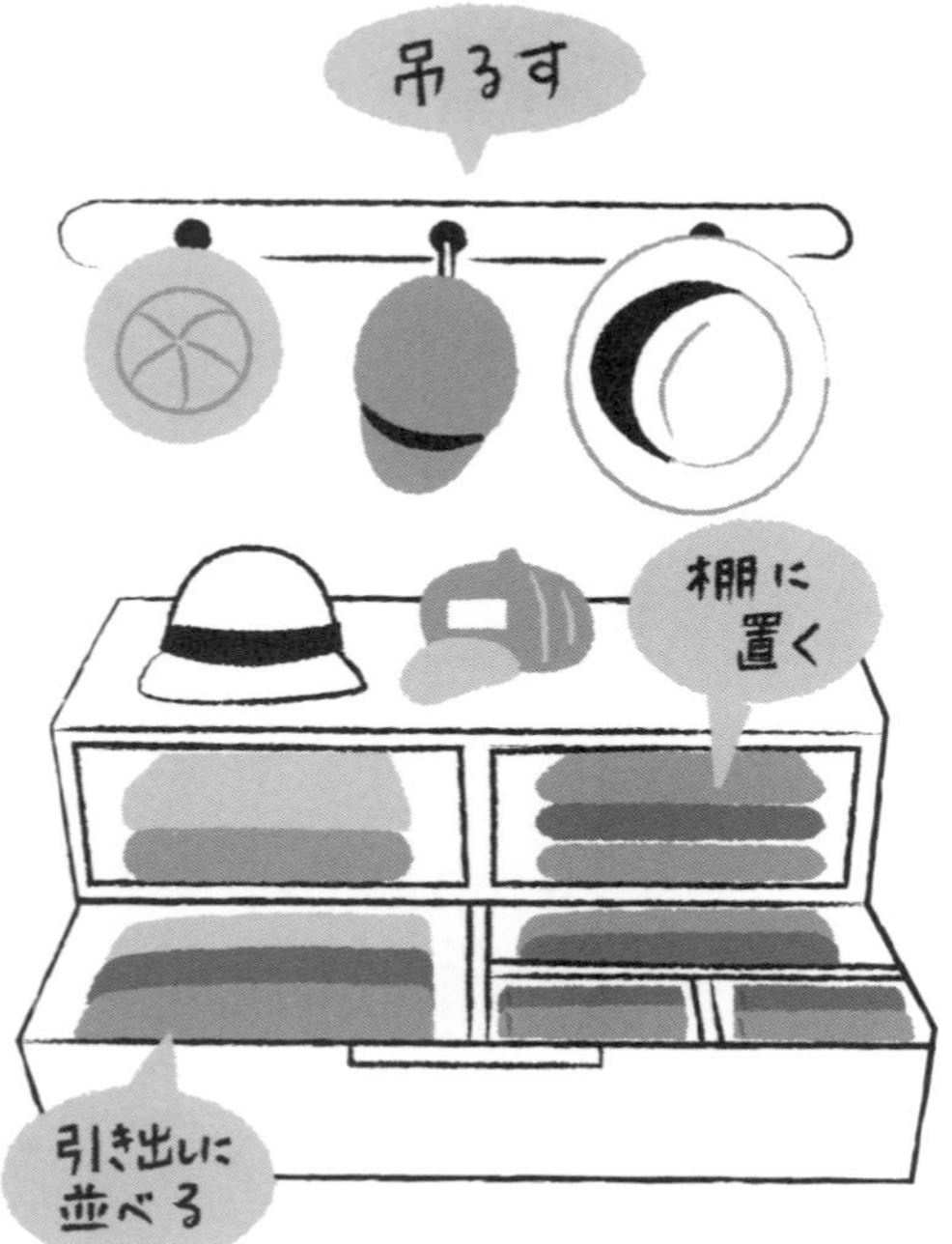
吊るす
棚に置く
引き出しに並べる

〈ステップ5〉元に戻す（快適収納の維持・管理）

自分にとって必要なモノは何か、基準を決め（ステップ1／整理）、不要なモノを処分（ステップ2／整理）、使う場所のそばに指定席をつくり（ステップ3／収納）、出し入れしやすい入れ物・入れ方を実現（ステップ4／収納）する。

ステップ4までで、一連の整理、収納は完成します。その後は、使いやすくした収納をどうキープするか、「片づけやすい家であり続けるために」を考えるのがステップ5です。

ポイントは3つあります。

①使ったモノは元に戻す

元に戻せない、戻しにくい場合は、「モノの指定席」が最適な場所ではなくなったのかも。ライフスタイルが変われば、モノの指定席も考え直す必要がある。

近くにあっても「引き出し」が重い、立て付けが悪くて、引き出しにくいということで、戻したくないのであれば、修繕や「モノの指定席」の場所を変更してみてはいかが。

②モノをむやみに増やさない、買わない、もらわない

不用品を整理したのに、新しいモノが増えては、快適な収納を維持するのは難しい。欲しいモノに出会っても、収納する場所がない場合は買わないという強い気持ちを持つ。

③モノを買うときは、いつも置き場所をイメージする

モノを新たに買う場合は、どこに置くかを決めてから。置くところがなければ、1個買ったら、最低1個捨てるくらいの決意で買い物を。

しかし、それでも中には、モノがいったんは収まったはずなのに、いつのまにか、またモノがあふれてしまう――いわゆる、片づけのリバウンドを経験する人もいます。リバウンドすると慌てます。せっかく片づけやすい家になったのにと後悔もします。でも一度は、ステップ4まで進み、片づけやすい家を実現した成功体験があるのですから。解決するのは、そう難しくはありません。

片づけが維持・管理できなくなったら、ステップ1に立ち返って、見直せば大丈夫。私の収納カウンセリングの経験上、2度目は基本ができているので、難しくはありません。

使ったら
戻す＝片づけ

片づけが面倒かラクか、見える化する

人はどんなときに片づけを「面倒」と感じ、どんなときに「ラク」と感じるのでしょうか？　それを数値化できることに気づきました。

私たちはモノを出し入れするとき、それがある場所まで歩き、そこで立ち止まって、扉を開けたり、引き出しを引くという手間をかけ、取り出しています。

そこで歩きを「歩数」、動作を「手間数」として数値化し、その2つの数値を足せば、出し入れがラクか面倒かがわかりやすいと、思いました。おこがましくも、自分でもいい「ひらめき」だと思い、それを**「収納指数®」**と名付けました。

たとえばキッチンのガス台の横に、よく使う調味料が置いてあれば、歩かずに取れるので歩数はゼロ。引き出しを開けたり、扉を開けたりなどという手間がないので手間数もゼロです。

それは「0歩＋0手間＝0」です。シンク前の吊り戸棚に入れていて、ガス台前から3

歩移動し、扉を開けて取り出していたら、「3歩＋1手間＝4」となります。

実に単純なことなのですが、改善してどれだけラクになったのかを実感しやすくなります。「収納指数」と名付けたとき、「手間数」をよりよい表現がないかと考え、「アクション数」はどうか？　と親しいライターさんに相談すると、「それはアクション数のほうが、インパクトがありますよ」とアドバイスをいただき、**「歩数＋アクション数＝収納指数®」**となりました。二十数年前のことです。

アクション数は、今では、誰でも自由に使っていただいていますが、実は私が生みの親なのです（「収納指数®」は無断で商用に使用することはできません）。

私たちは無意識のうちに、この「歩数＋アクション数」が少ない収納を行っています。ガス台わきの調味料もそうですが、同じように洗面台には、一緒に使う歯ブラシや歯磨き粉をセットにして立ててあったり、トイレには予備のトイレットペーパーを収納したりしていますね。

これらはそこにあると便利と思うから、**「歩数＋アクション数」が0に近い、ラクな収納**をすでに実行しているのです。

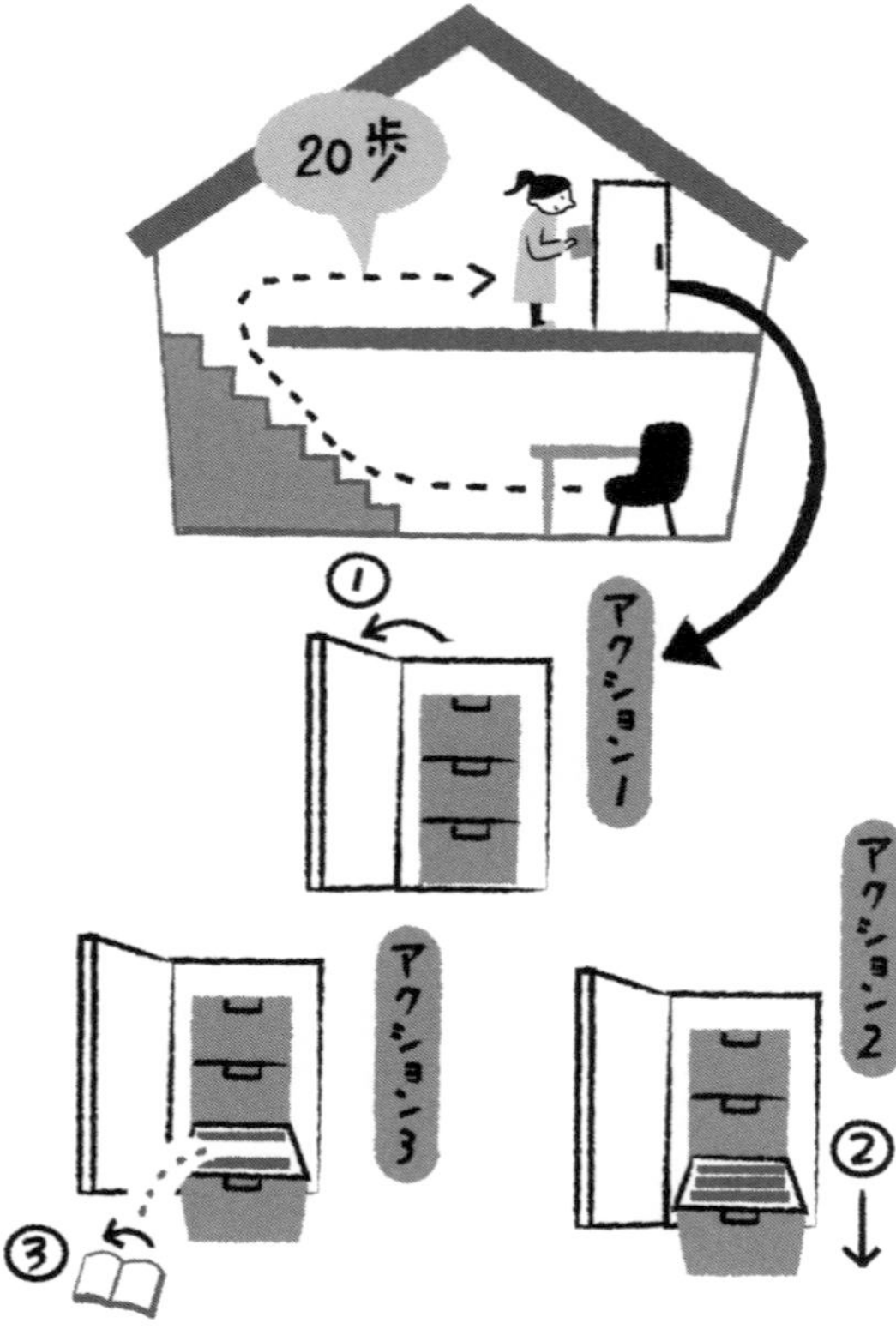

歩数20 ＋ アクション数3 ＝ 収納指数23

・リビングで見たい書類が２階にあり遠い

・さらに出すのに手間がかかる収納の指数が多い

「収納指数®」が少ないほど、片づけがラク

たとえば電話で話しながら、メモを取ろうとして、メモ用紙とペンが見あたらない。その場合、文房具を保管している家具のところまで歩き、扉を開けて、小引き出しを引いてペンを取り出す。メモ用紙を切らしていたら、別の引き出しからメモ用紙を出します。面倒ですね。

この場合、ペンだけの「収納指数」を数えると、保管場所まで「6歩移動し」、「扉を開け」「小引き出しを引く」とすると、ペンを取り出すだけで「6歩＋2アクション」で「8」に（モノを取り出すのはアクション数に入れません）。これは出すだけの指数。戻すことも指数のうちで、「6歩＋1（扉を開けっ放しでペンを使っていたら）～2アクション」。

往復の「収納指数」で考えると16ほどになります。

かかる時間はわずかでも、積もり積もればストレスになり、無駄な時間を費やしていることになります。

固定、携帯電話とも話す可能性が高い場所にペンとメモ紙をセットで置いておけば「収納指数」は0で済みます。

つまり、「収納指数」が少ないモノの指定席は、片づけがラク。多いほど片づけが面倒なのです。

実は前出の**「モノが片づく5つのステップ」は限りなく「収納指数」が少ない指定席を設ける**ための手順なのです。

もし今、出し入れが面倒だなあと感じているモノがあったら、「歩数＋アクション数」を確かめて、「置き場所」や「入れ方」を見直してみましょう。日常的に使用頻度の高いモノに限っては、できれば「0〜2」以内をめざしたいものです。「一緒に使うモノ同士は、セットにして置く」を徹底するだけでも数値は激減します。

モノの使用頻度で、置き場所を決める

左は私がいろいろな方々を収納観察させていただき、モノの使用頻度と出すときの「収

納指数」の関係を調べて、導き出した目安となる数値です。

■出すときのみの「収納指数」の目安

0〜3……………日常的に使う道具（文房具など）
4〜10……………1日1回〜週2、3回（掃除機、アイロン台など）
11〜20……………半年に1回（スーツケース、季節家電など）
21以上……………片づけが億劫になる危険信号

半年に1度使うかどうかのスーツケース、扇風機やストーブ、除湿器、加湿器などの季節家電は、使用頻度が低いので別室や廊下の物入れにしまって問題ないでしょう。

ひな人形やクリスマスツリーなど、年に1度の行事のものなどは押し入れや物入れの奥のほうでもいいことになります。

しかし、出すのが面倒で、飾らなくなってしまうようでは、年に1度でも、収納指数が少ない指定席を与えてみてください。すぐ飾るようになるかもしれません。

不快感や重さなども、片づけが面倒になる原因

当初は、「歩数＋アクション数」という実際の動きだけを換算して、モノの片づけやすさを測ってきましたが、多くの収納相談、収納カウンセリングを続けるうちに、面倒と感じるのには別の要素があることに気づきました。

それは、視覚、嗅覚、聴覚などで不快を感じるとき。

これを「見えないアクション数」と名付けました。

前出のあなたが片づけられないのには訳がある、でも触れました。

置き場所が暗い、かび臭い……などです。

不快に感じる感覚も「見えないアクション数」とすることに。

たとえば納戸の中のモノを取るにも「暗くて、寒くて嫌だな〜」と感じたら、プラス2アクションと。

「収納指数」は少ないはずなのに、面倒だなと感じられたら、「見えないアクション数」が足されていたのかもしれません。

以前、収納カウンセリングに伺った家に、大きな玄関クローゼットがありました。
これは来客用の他、家族のシーズンのジャケットやコートを一時的に収納するために設けられたもの。

ここが開かずの扉となっていて活用されていなかった——。

扉があって見えないために、季節を過ぎた家族のコートやジャケットが入れっ放しになっているケースはよくあります。

中が見えないので、活用するのが億劫になっているようです。また扉が大きいので、開けたとき、廊下が扉で塞がれるのも億劫さを醸し出しています。

こうした経験から、見えないことも「0・5〜1アクション」と換算し「収納指数」に加算することにしました。

視覚で言えば、こんなこともあります。

ある方は適切な場所に、使いたい生活道具を箱に入れていましたが、100円ショップでバラバラに買ったもの、空き箱などを利用しているため、サイズも色もバラバラです。
また収まった状態も少しぐちゃぐちゃ感が。

使うときに必要なので出しますが、使ったあと戻す気になりません。そのためつい、その辺に置きっ放し。

片づける気にならないのは、片づけた結果の達成感がないからです。

キレイに戻れば、片づけたという達成感を得られます。そのようなケースが多々見受けられるので、ボックスを揃えることをご提案しました。

実行された結果、「すぐ片づけられるようになった」とのこと。

揃えたときは、出すモノもないのに、扉を開けては「ニコニコ」していましたと、うれしそうでした。

人って、こんなささいなことでも「幸せ……」と感じるものです。

体感温度が原因で、玄関クローゼットが機能しないこともあります。

たとえば寒い冬に帰宅したとき、玄関でコートを脱いで、掛けることさえまどろっこしい。そのまま暖かいリビングに直行したくなりますよね。でもリビングに一時置きのコートハンガースタンドやハンガーラックがない限り、椅子やソファの背もたれに置きっ放しになる。

これは温度差が散らかる原因なのです。そこで不快に感じる寒暖差も「1」と加算することにしました。

五感ではありませんが、モノの重さも「見えないアクション数」です。

除湿器やヒーターなどが、季節を過ぎてもリビング・ダイニングに出たままになっているのは、片づけを忘れているわけではなく、重たいから片づけるのが億劫なのです。

海外メーカーのコード式掃除機を持っているのに、ほとんど使わず、充電式の掃除機を使っている……というケースはよくあります。

重いのも「アクション数」をプラスしていたので、出し入れが面倒と感じるものです。

すき間家具・すき間収納に不用品が溜まる

通販雑誌の収納家具のページに、よく掲載されているのが、すき間家具。サイズのバリエーションも豊富です。

それだけニーズがあるんですね。

でもちょっと注意！　すき間家具はすき間があるから用意するのではなく、「どうしても入れたいものがある、でも入れ物がない」というときのみに用意するもの、勘違いしないように気をつけましょう。

目的のないすき間家具は、不要なモノたちの住み家になること間違いなしです。

すき間を見ると「ここが空いてる！」という「すき間ハンター」にならないように。すき間があると気になって、気になって埋めたくなる人のことを、あるライターさんが「空間貧乏性」と名付けていました。的を射た言い方で感心しました。

何もない空間は、モノが増えたときの「予備の収納スペース」として、そのままにしておくのが賢明です。

「見える収納」と「見せる収納」を使い分ける

「見える収納」と「見せる収納」——。似ているようで違います。

私の捉え方ですが、「見える収納」とは、頻繁に使うモノ、見えていないと忘れそうなモノの収納のこと。

本当は見えないほうがスッキリするのですが、サプリメントなどは見えないと、つい忘れがち。そのような収納なので自分のために行う収納です。

キッチンの調味料入れやキッチンツール。電話台の筆記用具、テレビなどのリモコン、新聞・雑誌類などがそれです。

見える収納にしておくべきものをまとめると、次の3つになります。

・使用頻度の高いモノ。とっさに使うモノ
（調味料入れ、キッチンツール、電話台の筆記用具）。
・見えていないと忘れるモノ（新聞・雑誌類、リモコン）。
・しないとダメというプレッシャーを与えるモノ（回覧板や申込書など）。

それに比べ**「見せる収納」は、あくまでも見せる、飾ることを意識したインテリア的な収納。**来客や自分や自分以外の家族を楽しませることを意識した収納です。インテリアの統一感などに配慮する必要も。

「見える」と「見せる」――。両者の使い分けをはっきりしないと、キレイでスッキリしているけれど、出し入れが面倒で片づけなくなってしまうことも。「見える収納」と「見せる収納」の使い分けを意識しましょう。

「衣替え」をしなくても、スッキリ片づく！

夏服と冬服を入れ替える、衣替えって面倒だとは思いませんか。

最近では、地球温暖化の影響もあってなのか、季節の変わり目が変動しつつあり、夏だけど涼しくなって、長袖を引っ張り出したり、冬なのにポカポカ陽気で、薄着を探したりすることもしばしば。もう衣替えをしている場合ではありません。

そこで近年、私が提唱しているのが、**「衣替えをする必要のない衣類収納」**です。

P79の「『流行モノ』と『定番モノ』を分ければ、服が増えない」でもお伝えしたように、すべての服を、

「ハンガーパイプやフックに吊るす」

「棚にたたんで置く」

「引き出しに並べる」の3通りの収納にします。

これらは扉を開く、引き出しを引くなどの「1アクション収納」です。

・一番、見やすく出し入れもラクなのは、ハンガーに掛けた服をハンガーパイプに吊るす。

まず、P90飯田式捨て方3つのポイントを参考に、着ない服を処分します。少し余裕が出たら、今までたたんでいた服を可能な限り吊るします。

・ハンガーパイプに吊るしきれなかった服は、たたんで棚に重ねて入れます。

この場合、整理ダンスやプラスチックなどの収納引き出しに入れている方が大半だと思いますが、ぜひブティックのような棚収納にできないか、検討してみてください。扉を開くだけで、中身が一目瞭然となるので、どんなに気温が変わっても対応できます。

これなら真逆の気候の南半球の国々への旅行支度もラクにできます。試すと「ラク～」を実感できます。

・そのほかの下着や靴下、ハンカチなどは引き出し収納です。

必ず種類別に分けて、仕切りを入れましょう。整えたばかりのときは、仕切りはなくても大丈夫と思いますが、出し入れしているうちに、半袖なのか、長袖なのか、わからなくなって、ぐちゃぐちゃに。

引き出しには「仕切り」が必須です。

私は〝これ〟という決定版の仕切りが見つからなかったので、幅、高さ、奥行きを選べるものを研究し、作り、販売しています。ご興味のある方は、ホームページをご覧ください。

「衣替え要らずの衣類収納」を決めて実行すると、次のようなメリットが生まれます。

・面倒な衣替えをしなくては、という煩わしさから解放される。
・余計な服を買うことがなくなって、スッキリする。
・無駄な出費が抑えられる。

一石二鳥以上の効果が期待できるのです。

衣類収納ケースを使って、夏物、冬物の衣類を入れ替える衣替えは、時間もかかり、服も散らかりがちです。それをしなくて済むのなら、それに越したことはないですね。

＼これで衣替え不要！／
棚に置く
吊るす
引き出しに並べる

まだ使える家具を、思い切って捨てる

自分の家の収納を見直したときに、まだ使える家具（和ダンス）を思い切って処分したことがあります。入っていた着物は、姪が欲しいと言ってくれたので、助かりました。

親からもらった着物なので申し訳ない気持ちが頭をよぎりましたが、これからの暮らしを考え、着たいかな？　って考えると、「もう着物を着る機会はない」とはっきりしました。両親の孫になる姪が着てくれるなら、継承にもなるし、「もういいかなって」。必要な枚数の着物だけ取っておき、小さい和服専用の桐箱に収めることにしました。

実は私自身、引っ越しを控えていて、和ダンスがあると、家具の配置が思うようにならないと気になっていたので助かりました。

結果、和ダンスは処分できました。おかげで私と夫のスーツやコートをすべて、クローゼットに吊るすことができました。

和室には壁一面に棚と引き出しを組み合わせた、衣類収納用のシステム家具を設置し、クローゼットもこのシステム家具も、扉を開ければ、夫婦の服をひと目で見渡すことができるように。

おかげで念願の**「衣替えをする必要のない衣類収納」が実現**したのです。

俗に昭和の頃の嫁入り道具の4点セットといわれるものがあります。それが整理ダンス、和ダンス、洋ダンス、ドレッサー（鏡台）。しかし、これらの家具は以下の理由で、現在のライフスタイルには合わなくなっています。

①整理ダンスや和ダンスの基本寸法は、和服がベース。洋服に合わない。
②和服は通常着る機会が、冠婚葬祭や正月などしかなく少ない（なので和ダンスを置くスペースがもったいない）。
③ドレッサーをはじめ、置き家具を置くスペースの確保が難しい。
④大容量収納が可能なクローゼットがあることにより、洋ダンスが必要なくなっている。

これらの理由で、**収納がうまくいかないとストレスが多くなり、ライフスタイルに影響を与えているのであれば、思い切った家具の見直しが必要**かもしれません。

服やモノの整理がひととおり終わると、あまり使い勝手の良くない家具が気になってくるもの。その代表格がカラーボックスや通販で思いつきで買った家具などです。

カラーボックスは、専用の箱をセットしたが要らないものが入ったまま、小引き出しも同様……と思ったら、潔く処分すると部屋がスッキリします。


飾りモノが入っているサイドボードも、中身を見ると「もう要らない」と思えるモノが結構ありませんか。好きなモノだけを残すと、リビングで幅を取っている飾り棚なども処分できるかもしれません。

こうした家具の見直しは、片づけがラクになるほか、スペースの有効活用にもつながっていきます。


せっかくモノを整理し、どんな収納にすればいいのか理屈もわかったのなら、思い切って買い替えを検討してもいいのでは？

私自身、家具の買い替えを決断したのは、ちょうど50歳のときでした。

「捨てたら申し訳ない」という気持ちよりも「これからの自分を快適に」することを優先しました。思い切ったことで、本当に快適です。

「飯田式棚収納システム」のすすめ

収納家具、収納用品というと、カラーボックスやかごというイメージがありますが、それは間に合わせの収納であることが多いものです。

箱などに入れて、床に置いても邪魔にならない程度の量なら、それもいいかもしれません。でも、その中がぎっしり詰まっていたら、使いたいモノがすぐ出せないので「使うため」ではなく、「入れるため」の収納になってしまう。

床スペースが少なく、モノが多い場合は、床より上の空間を使うしかありません。それには家具が有効です。とくに棚の家具は、棚板の枚数分の置くスペース（面積）が確保されるので重ねずにモノを置けます。

服でも、棚を活用したブティック式収納をこの本で何度もお伝えしてきました。そのほか生活道具、キッチン棚の収納、玄関の靴箱、納戸などどこでも何にでも使えるので私は「棚は収納の万能選手」と言ってオススメしています。

しかし、そのための条件がひとつあります。それは**棚板の高さを自由に変えられる**こと（棚とは家具でも造り付けの物入れでも同じことです）。

次からお伝えする**「飯田式棚収納システム」を使えばどんなものも、アクション数「0～最大2」で出し入れできます。**地球に引力や重力がある限り「最高・最強の収納」が実現すると言っても言い過ぎではないと思います。

では4つの収納用品「ボックス」「引き出し」「スタンド」「トレー」を組み合わせた、「飯田式棚収納システム」をわかりやすくご説明します。

①棚＋ボックス（小物全般）

ボックスは使用頻度の高い小物の収納に向いています。生活道具のほとんどは、人が片手で持てるサイズで小さいため、棚にバラバラに置くわけにはいきません。ボックスを使えばまとめて入れられます。

基本的にふたなしのモノ。なぜならふたを開ける手間（1アクション）が省けるから。取り出しやすさ、見やすさを考え、上部には15㎝ほどの余裕を。

ボックスの中身は「目的別収納」という考え方で。たとえばガムテープ、ハサミ、カッターナイフ、送り状をセットにして入れるのは荷造りが目的です。

このように同時に使うもの、同じ種類のものを分類してボックスに入れます。中身は、立てて入れるとすぐ見えて、取り出しやすい。立てたときの倒れ防止には空き箱を使います。また小さな文房具など中身が交ざらないようにするにも空き箱を駆使します。

とにかくボックスの中でもさらに個々の「指定席」を決めるのです。

②棚＋引き出し（常備薬、裁縫道具、パーツ、工具など）

薬は衛生面、湿気対策と考えれば引き出しを使います。引き出しは湿布薬が立つ高さを選ぶと、寝かせることがないので下になる薬がなくなり、全種類が一目瞭然となります。薬は買ったときに入っていた箱のふたを切り取り、そのまま使えばその薬の指定席に。裁縫道具は小さいので、浅めの引き出しが数段ある小引き出しが便利です。

引き出しの中もボックス同様に仕切りましょう。

③棚＋スタンド（本、書類、ファイル、紙袋、バッグ類）

立てておくと探しやすい、取り出しやすい書類や紙袋などに活用。スタンドとはブックエンドを想像するとわかりやすいでしょうか。でもそれはL型ではなく凵型のモノがオススメです。L型のブックエンドは斜めにずれるので、乱れがちになるからです。

クローゼット内ではバッグ、キッチンではトレーや料理本なども。私も、食品棚にスタンドを使い10㎝幅くらいの料理本を入れていますが便利ですね。

④棚＋トレー（コピーペーパーや資料、郵便物、店のチラシ、各種パンフレット）

コピーペーパーなど立てると曲がって困るものは、トレーを使って平置きします。平置きしたい紙類がたくさんあるときには、２段、３段と重ねられるスタッキングトレーがオススメ。棚板を増やすのと同じ効果があります。

スチール製や組み立て式など、棚にはさまざまな種類があります。すでにお伝えしましたが、購入するときには必ず入れるモノの高さによって、棚板の高さを調節できるタイプを選ぶこと、これだけは忘れずに。

そのようにモノに合わせて収納用品を使う「飯田式棚収納システム」を採り入れれば、スペース効率もよく、最小のアクション数で出し入れすることができます。

最強の収納棚

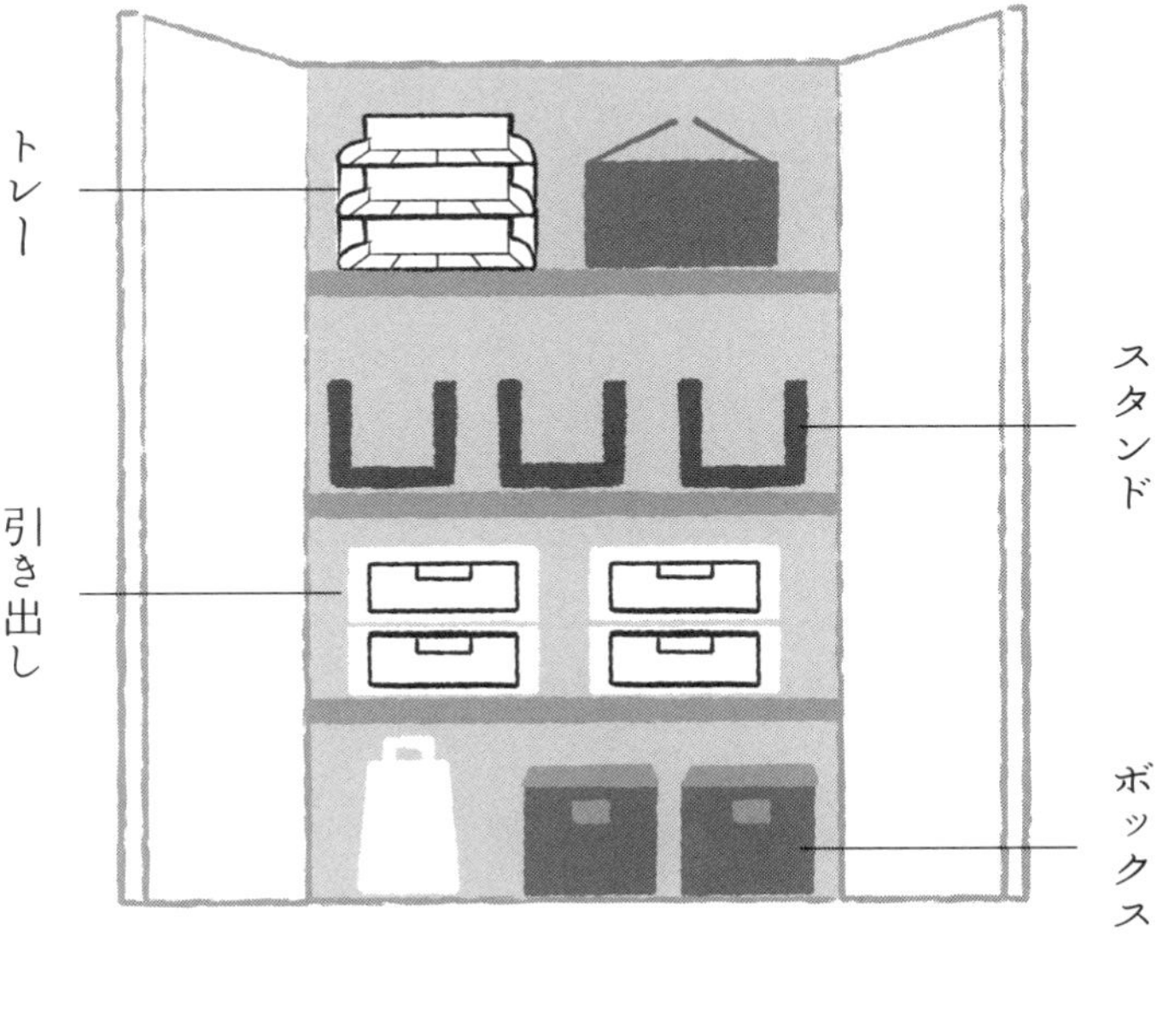

片づいた家は散らかっても、3分でキレイになる

「モノが片づく5つのステップ」のとおり、あふれていた服やモノを減らし（ステップ1と2）、置き場所（ステップ3）と入れ方（ステップ4）を実践して、モノに適材適所の「指定席」を決めて収めると、今まで面倒だったモノの出し入れが、本当にラクになる——。

モノがすぐ片づくということは、「掃除もラク」になるということです。

床にモノが散乱していると、モノをどかして、掃除機をかける気にはなりません。しかし床にモノがなければ、障害物がないので、掃除機を流れるようにかけられます。

結果、掃除嫌いな人も、掃除好きになることがよくあるんです。

「共働きでずっとロボット掃除機を使いたかったけれど、あまりにも床に障害物が多く、使えなかった」、とおっしゃっていた方は、収納を整えたあとに、早速購入されて使い始めました。

モノを使えば、自動的に戻らない限り部屋は散らかります。

しかし、使いたい場所に使いたいモノの指定席ができていれば、たとえば「ちょっとお寄りするわ」、というご近所の来客があっても、３分もあればさささぁ～とモノが収まり、気持ちよく招き入れられるようになりますよ。

PART 6

汚い部屋に幸せはやって来ない！

今日から始める！
「モノ別」賢い片づけテク

モノが違えば、片づけ方も変わる！

服やモノを減らし、「モノが片づく5つのステップ」「歩数＋アクション数」の考え方を身につければ、片づいた家、片づいた部屋はもう目前に。基本の片づけテクは、「吊るす」「棚に置く」「引き出しに並べる」。ここからはモノ別の賢い片づけテクをご紹介しますね。

服、アクセサリー

片づけテク……………吊るす、棚に置く、引き出しに並べる
収納家具………………クローゼット、棚、引き出し、ハンガースタンド、押し入れ
アクション数…………0〜2

もう何度も言いましたが、服（モノ）の収納方法は「（ハンガーパイプに）吊るす」「（棚に）置く」「（引き出しに）並べる」の3つ。

クローゼットに服を吊るし、棚には吊るすと型崩れするセーターやニット、ワイシャツ、Tシャツ類をたたんで置きます。引き出しには仕切りを入れて、下着や靴下を並べます。

浅い引き出しにはアクセサリーを。

クローゼットの扉を開ける1アクションでハンガーや棚にある服が取り出せる、部屋にある引き出しの下着やアクセサリーも1アクション。

クローゼットが遠ければ、一時置きのハンガースタンドを置くと、疲れて帰宅したときに0歩で掛けられるので便利。

クローゼットがなければ、押し入れにパイプを通し、中段を外し（簡単に外せます）てクローゼット仕様に改造するのもオススメ。

靴

片づけテク……………………棚に置く
収納家具……………………棚（靴箱）、シューズホルダー
アクション数………………0〜2

家族の靴が玄関でごちゃごちゃ……。よく受ける相談です。

まず、靴箱の棚を家族めいめいに割り当てます。「靴の指定席」ですね。大人は上の段に、

子どもは中段に、など取りやすい位置を割り当てます。靴磨きのセットは下段に。靴が入りきらない場合は、シューズホルダーなどのグッズを使って、収納量を増やします。

それでも入りきらなければ、ブーツなど季節外の靴は、箱にしまってクローゼットへ。たたきに靴が何足も置いたままになるのは、脱いだすぐの湿気がこもっている靴を、下駄箱に入れたくないから、ということもあります。その場合はたたきに数足置けるシューズラックを用意すると便利です。それはオープンなので0アクション、気楽におけるので、玄関が散らかりません。

玄関は家の顔なので、靴箱はスッキリしたいですよね。

新聞、雑誌

片づけテク……………棚に置く

収納家具……………テーブル、マガジンラック、棚、トレー、ストッカー、古紙回収の専用袋

アクション数…………0

新聞や雑誌ほど、場所を移動するモノはありません。

読みかけの場合は、ダイニングやリビングのテーブルに置かれ、一度読み終えても、また読むかもしれないとマガジンラックや、一時置きの場所である棚やトレーに。

マガジンラックや、棚、トレーはテーブルやソファの近くに配置すると片づけやすくなる。どれもオープンな仕様なので、0アクションになります。

溜まり出したらストッカーや、古紙回収の専用袋に。回収日まではリビングにモノ入れがあれば、そこで保管します。

郵便物、DM

片づけテク……………棚に置く
収納家具……………テーブル、トレー、コルクボード
アクション数…………0〜1

油断しているとすぐに溜まるのが、郵便物や勧誘のDM。必要のないモノは、すぐにゴミ箱に。

すぐに目を通せない場合は、トレーに一時置き、重要なお知らせはコルクボードにピン留めしておくと、埋もれることはありません。

ボードがなければスタッキングトレーを使い、2段重ねにして、重要書類を上に置くという手もあり。

毎日のように来るので、放っておくと、すぐに溜まるので定期的にチェックを。

リモコン、ゲーム類

片づけテク……………………**棚に置く**
収納家具……………………**テレビボードの棚、テーブル、トレー、ふたのないボックス**
アクション数…………………**0〜1**

置き場所を決めておかないと、行方不明になりがちなのがテレビやDVDのリモコン。テーブルかテレビ周りの棚と決め、家族で約束を。そこにトレーを置いてもOK。

専用のリモコンスタンドはあまりオススメしません。私も買いましたが、いちいち立てて戻すのが面倒で。やはり、リモコン類は置くのが自然です。置くだけなので0アクションです。

ゲーム類はテレビボードの棚に。ゲーム本体やコントローラーなどゲーム機器一式がラクに入れられる大きめのボックスを用意。それをテレビボードの棚に置きます。ボックスを引き出すだけなので1アクション。これなら子どもが使ったあと片づけやすいはず。

文房具類

片づけテク……………棚に置く、引き出しに並べる
収納家具………………ペン立て、専用ボックス、引き出し
アクション数…………0〜1

ペンや消しゴム、ハサミ、カッター、付箋など、小さな文房具類は、テーブルに出しっ放しにしているうち、いつの間にか居場所がわからなくなって……。これらも、ペン立てや専用のボックスを使い「指定席」を決める。細かいモノは仕切りも必要。それらは、リビングやダイニングテーブルの近くに置き、0歩で手を伸ばせば取れるように。ペンやホチキスの針、クリップ、付箋などのストックは、引き出しなどにまとめて入れて保管を。

鍋、ボウル

片づけテク……………………棚に置く
収納家具……………………シンク下専用棚
アクション数…………………1

煮物をする鍋、野菜を洗い、水切りをするボウルやざるなど水周りで使うモノは、シンク下に収納。高さがあるので鍋やボウルは重ねて収納できますが、重ねすぎると取り出しにくく、なだれが起きると大変。

そこで排水パイプを避けるシンク下専用棚を使います。

鍋やボウルの高さに合わせて調整すれば、使いたい調理器具をスムーズに取り出すことができます。

シンク下は扉と引き出しの2つのタイプがあります。

引き出しタイプの場合は、引き出すという1アクションでモノが取れるので便利です。

鍋やボウルは立てると収まりが悪いので重ねます。鍋のふただけは立てると取りやすいですね。

フライパン、中華鍋、やかん

片づけテク……………棚に置く
収納家具……………フライパンラック
アクション数…………1

炒め物や揚げ物など、加熱調理に使うフライパンや中華鍋、湯を沸かすやかんなど火周りで使うモノは、ガス台下がベストですね。

扉タイプの場合、フライパンラックを使えば、フライパンや中華鍋、卵焼き専用のフライパンなど、さまざまなフライパンが難なく取り出せる。

フライパンラックの前のスペースにモノを置かないこと、取り出すときに邪魔に。こちらもシンク下と同様にラックを使うことで1アクションで取り出せます。

やかんはガス台に出しっ放しにしていると、調理の油で汚れるので、使わないときはガス台下を指定席として片づけます。

水周りで使う調理器具と火周りで使う調理器具とを混在させないのがポイント。きっちり分けられていると、あちらこちら歩かないので、調理もはかどるはず。

シンク下の収納

ガス台下の収納

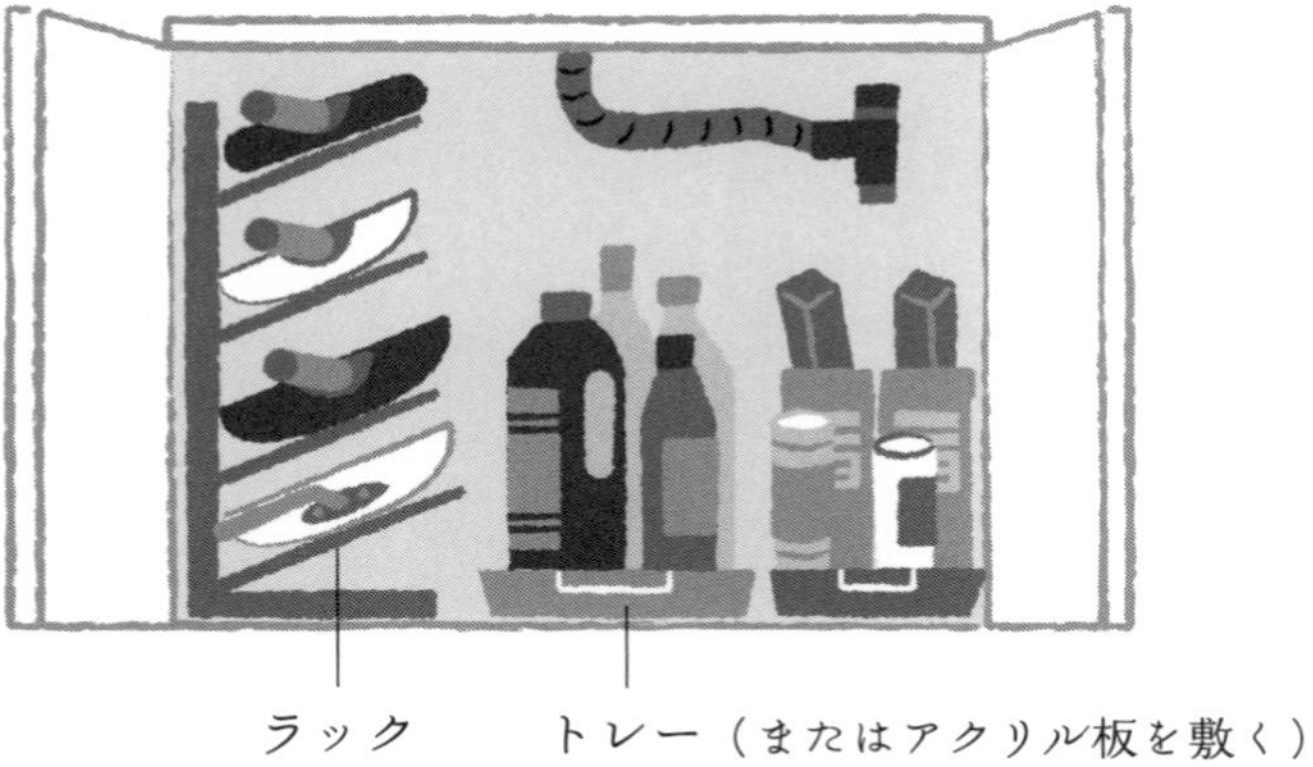

調味料

片づけテク……………置く、並べる
収納家具……………引き出し、キャビネット、ファイルボックス
アクション数…………0〜1

調味料は液体、粉類、スパイス類、の3種あります。

まず煮物に使う醤油、酢、みりん、また油類ですが、扉タイプの場合、収納用品など使わず、キャビネットの下にアクリル板やトレーを置いてそこに直に置きます。そのほうが、多く入り、液だれもすぐ拭けます。引き出しタイプの場合は、深い引き出しに入れます。引いたとき、ビンが動いて気になる場合は、ボックスファイルなどを使い、指定席をつくります。そうすれば二重買いも防げます。

胡椒、唐辛子、ガーリック、ハーブなどのスパイス類でよく使うモノは、ガス台周りに。専用ケースに入れるか、ガス台脇の小さな引き出しに入れると1アクションで使えて便利。粉類とは、砂糖、塩、片栗粉、小麦粉など。容器に入れ、使用頻度の高いモノは、レンジ近くの専用のキャビネットに入れ、こちらも1アクションで使えるように。

私の場合、小麦粉はあまり使わないので、冷蔵庫に入れています。

調理中に頻繁に使う調味料は、0アクションで取り出せる場所をモノの指定席に。

キッチンツール

片づけテク……………立てる、並べる、吊るす
収納家具………………ツール立て、フック、引き出し
アクション数…………0〜1

お玉やフライ返し、菜ばし、スライサー、計量スプーンなど、キッチンツールもさまざまあって、形状や大きさもいろいろ。これらも水周りや火周りのそばが指定席。

使用頻度と種類によって「立てる」「並べる」「吊るす」と分けていくと、指定席が決めやすい。

お玉やフライ返し、菜ばしは調理中、0アクションですぐ取れるように。ちなみに私はステンレス製の安定感のあるツール立てを使っています。お玉やフライ返しは、持ち手より先端のほうが重いので、ツール立ては倒れにくい重さのあるものがオススメです。

ピーラーや計量スプーンなど、細かいモノには引き出しがオススメ。また立てても引き出しに入れても収まらないトングや茶こしなどは、吊るすと使い勝手がいい。吊るせば自然乾燥で、乾かす手間もなくなります。

食器

片づけテク……………………**置く**
収納家具……………………**食器棚**
アクション数……………………**1**

グラスやティーカップ、湯のみ茶碗、ご飯茶碗、お椀、どんぶり、大皿、中皿、小皿など、食器は、形状や大きさもまちまち。

基本的に食器や器の指定席は、1アクションで取り出せる食器棚に。ここでは入れ方が重要です。

グラスの棚、ティーカップの棚と、棚ごとに役割を持たせると、どの食器がどこにあるかが、ひと目でわかり、見た目にもキレイで器も映えます。

同じグラス、同じティーカップは、縦一列に並べると、他のグラスを除けることなく使いたいものを使いたい数だけ、すぐに取り出せます。

基本的に食器を棚に入れる場合は、重ねておきます。しかし、皿類を100円ショップなどにあるケースやボックスファイルなどに立てて入れているのを見かけますが、実はこれってあまり意味がありません。立てても重ねても、使うスペースは同じだからです。むしろ、立てると、ケースを引き出し、また戻す手間が増えます。少し深さがあるお皿は、かなりゆるみを持たせて入れていない限り、出し入れはもっと手間がかかります。

キッチンの深い引き出しに入れる場合は立てて入れるのは有効です。写真などを見て、鵜呑みにせず、出し入れのアクション数を考えてみると、良し悪しがわかります。

その他、奥行きがある棚に、小鉢など小さい食器を数種類置く場合は、それらの上に、奥まで手が入り、持ち上げられる空間（ゆとり）をつくりましょう。そうすると、使いたいものが何でもすぐ出せます。空間も見えない便利な収納用品のひとつと考えましょう。

また使用頻度の高い器を前に、低い器を奥に置くのもポイント。

食器が好きで多い人は、ふだん使いの食器（ご飯茶碗や皿類）と趣味の食器（ティーカップ、グラス類）などと分けて、収納スペースを設けるといいかも。

食品・食材のストック①

片づけテク……………置く、並べる
収納家具……………パントリー（食品庫・棚）、引き出し、ボックス
アクション数…………1

食品、食材のストックを無駄にしないためには、理想は1カ所にまとめて、扉を開けるか、引き出しを開けたら、1アクションで取り出せること。ストックは見えないと忘れるので、ひと目で見渡せる収納が理想。収納するのは、棚か引き出しになります。

棚の場合は、大きいモノは直置きし、その他はふたなしのボックスタイプの収納ケースを使います。

ボックスを使う場合は、立てること。

見やすくするためです。重ねて入れると、下のモノを忘れがち。重ねて見えないと、一生食べることはないくらいの気持ちで。

引き出しの場合は、3つの深さを用意。

ペットボトルが立てられる深い引き出しがあれば、そこにうどんやパスタなどの乾麺を

立てて入れられます。次にレトルト食品が立つ程度の高さの引き出し。そして鰹節やふりかけ類の小袋が立つ程度の浅い引き出しです。この3つの引き出しがあれば、ほとんどの食品が収まりますよ。

食品・食材のストック②

片づけテク……………………置く、カテゴリー別収納（関連収納）
収納家具……………………冷蔵庫、透明な保存容器、カゴ
アクション数………………1〜2

冷蔵庫はあくまで鮮度を保つための収納場所。賞味期限切れのものや冷蔵庫に入れる必要のないもの（乾物類）などは出し、必要なものだけを入れる。冷蔵庫も奥のもの、つまり見えないものは食べ忘れる……と考えましょう。収納より「入れたら食べる」が肝心です。

冷蔵庫の問題は奥行きが深く奥が見えないこと。

食べ忘れ、二重買いを防ぐために中身が見える保存容器を活用。保存容器は形を統一すると、重ねられて省スペースに。見た目にもキレイに収まります。

また冷蔵庫内はカテゴリー別に分けるといい。たとえば朝はパン食なら、バターやジャム、ハムやヨーグルトは透明なかごにまとめるとか。お味噌の隣には開封した鰹節やわかめなど、お味噌汁に使うものを味噌汁セットとしてまとめると、効率よく取り出せます。

中身がわかる保存容器使いと一緒に使うものをまとめる「カテゴリー別収納(関連収納)」で手際よくものが出し入れでき、冷蔵庫の扉を開けてからのアクション数が0〜1に。

ドライヤー、化粧品、タオル、洗剤

片づけテク……………………吊るす、置く、並べる
収納家具……………………洗面化粧台、ランドリーラック(オープン棚)、ボックス
アクション数………………0〜1

洗面脱衣所は化粧品から歯ブラシ、洗剤と洗剤のストック、タオルと細かいモノがいっぱいあるもの。すぐ使うからとモノを出したままにしがちで、散らかりやすい場所です。

だからこそ、それぞれの置き場所をきっちり決めて、出し入れをしやすくする必要があります。

このため、片づけテクは基本である「吊るす」「置く」「並べる」をフル活用。

ドライヤーは引き出しなどにしまうより、フックに吊るしたほうがすぐ使えます。化粧品類は、洗面台の鏡の横にオープンの棚があれば、基礎化粧品や整髪料、歯ブラシ、歯磨き粉など、片手で取り、片手でしまえる収納になります。

タオルは洗面台の引き出しに、たたんで立てて入れる。バスタオル類は洗濯機の上などに、ランドリーラック（オープン棚）を設け、たたんで置けば、風呂上がりの濡れた手でも取り出しやすいですね。

洗剤や柔軟剤、洗濯ネットなどは、洗濯機の横にマグネットで付くボックスにまとめて入れると機能的。ストックの洗濯用洗剤やシャンプー・化粧品類、掃除用洗剤などは、種類ごとに分けてボックスにまとめ、立てて収納。洗面台下の収納スペースに入れ、扉を開ければ、何があるかひと目でわかるようにします。

またメイクのときに必要となるティッシュは、専用ホルダーを使い、壁に取り付けると、カウンターを拭くとき除けなくていいので便利ですよ。

お出かけ前は何かと忙しい。だからこそ使うモノを0〜1アクションで取り出しやすくできるように、モノの指定席を決めて、収納することが肝心ですね。

洗濯機上の使い方

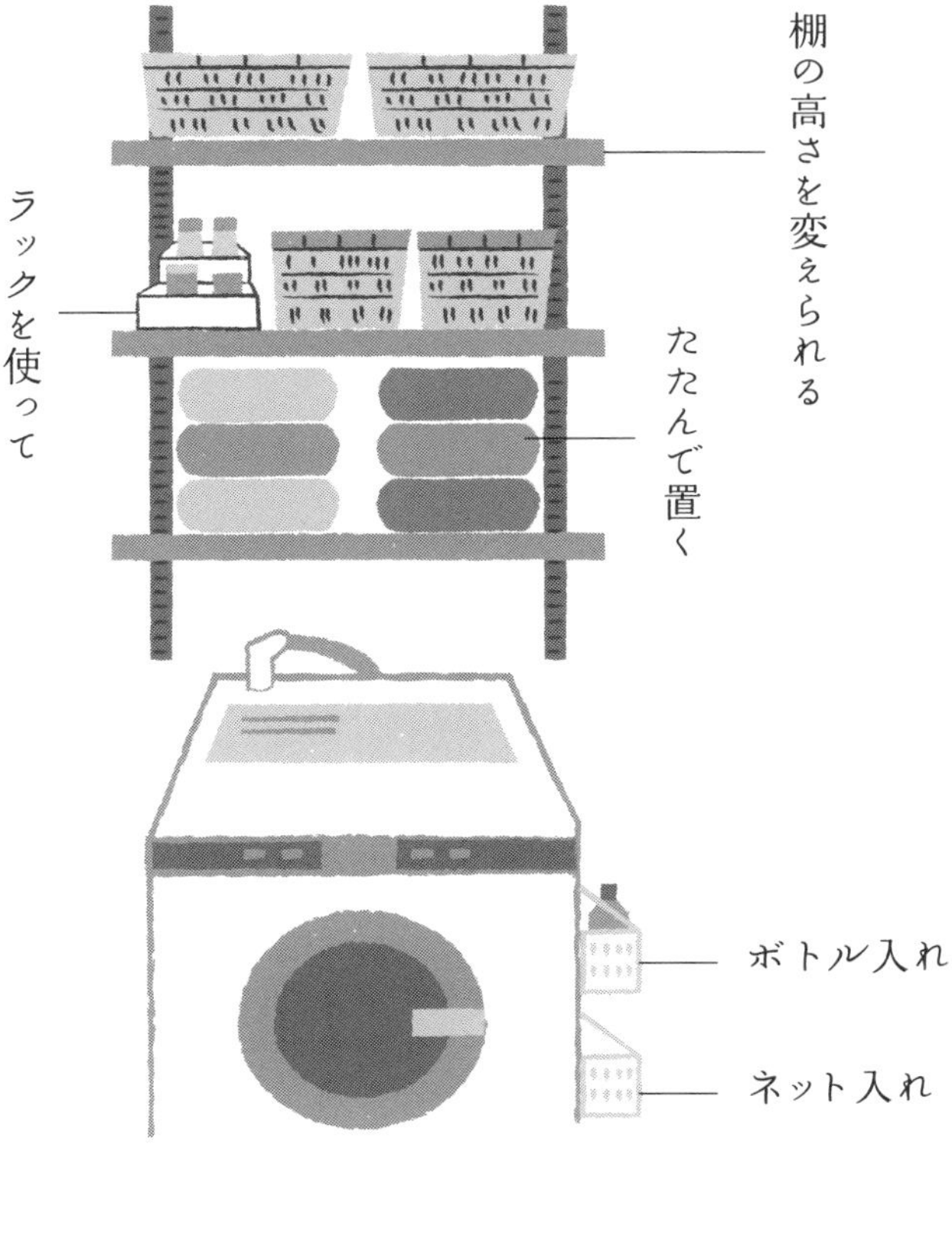
棚の高さを変えられる
ラックを使って
たたんで置く
ボトル入れ
ネット入れ

飯田 久恵《いいだ ひさえ》

収納カウンセラー。（一社）日本収納カウンセラー協会代表理事。日本の収納関係の法人で構成されている（一社）日本片づけ整理収納協議会の名誉会員。整理収納は家事や仕事の効率をよくすることで時間を大切に使い、心地よい暮らしにつながることを確信し、日本で初めて整理収納をプロの仕事として確立させる。整理収納の理論「アクション数」「収納指数®」「モノが片づく5つのステップ」などで収納の方法や考え方を見える化（数値化）する。大手企業の収納コンサルタント、講演、収納講座やセミナーを行う。NHK「ガッテン！」、Eテレ「あしたも晴れ！人生レシピ」など出演。著書「整理・収納の法則」「『捨てる！』快適生活」（ともに三笠書房）、「一流の収納術」（ぱる出版）など多数。中国などで翻訳の本も多数。

公式ホームページ　https://www.yutori-cobo.co.jp/

ブックデザイン・DTP／M-U
イラスト／石山綾子
編集協力／荒田雅之
校正／小川かつ子

服《ふく》を1着《ちゃく》買《か》ったら、2着《ちゃく》捨《す》てなさい。

発行日　2020年3月20日　第1刷発行

著者　飯田《いいだ》久恵《ひさえ》
発行者　清田名人
発行所　株式会社内外出版社
〒110-8578
東京都台東区東上野2-1-11
電話　03-5830-0368（企画販売局）
電話　03-5830-0237（編集部）
https://www.naigai-p.co.jp/

印刷・製本　中央精版印刷株式会社

ISBN 978-4-86257-509-8　C0077